一本用幽默改变人生的书

幽默越简单越好

吕长青◎编著

北京工业大学出版社

图书在版编目(CIP)数据

幽默越简单越好 / 吕长青编著. — 北京:北京工业
大学出版社,2015.2
ISBN 978 - 7 - 5639 - 4222 - 0

Ⅰ.①幽… Ⅱ.①吕… Ⅲ.①幽默(美学)—语言艺术 Ⅳ.①H019

中国版本图书馆 CIP 数据核字(2015)第 016432 号

幽默越简单越好

编　　著:吕长青
责任编辑:刘学宽
封面设计:翼之扬设计
出版发行:北京工业大学出版社
　　　　　(北京市朝阳区平乐园 100 号　邮编:100124)
　　　　　010－67391722(传真)　bgdcbs@sina.com
出 版 人:郝　勇
经销单位:全国各地新华书店
承印单位:大厂回族自治县正兴印务有限公司
开　　本:700 毫米 ×1000 毫米　1/16
印　　张:16
字　　数:256 千字
版　　次:2015 年 2 月第 1 版
印　　次:2015 年 2 月第 1 次印刷
标准书号:ISBN 978 -7 -5639 －4222 －0
定　　价:28.00 元

前　言

　　幽默是一份诙谐，一种笑对生活苦难的淡泊态度；幽默是一份资本，一块为人生打开无限可能的敲门砖；幽默是一种智慧，一种轻松有趣又充满哲理的境界。在社交场合，在谈判桌上，在与上司相处之中，在朋友面前，幽默常常是我们展现自我魅力最好的武器。有了这个武器，我们可以顺利地打开对方的心扉，也可以轻易地找到成功职场的敲门砖，更是游刃于商场的必胜武器。所以说，拥有幽默的口才是一种资本，而这个资本不一定是先天所有的，后天依旧可以培养出一张幽默金口。

　　每个人都希望自己能拥有好的口才。它不仅能让你在职场上平步青云，更能在家庭生活中给你带来无限的幸福。如何巧妙地运用技巧让自己快乐，让周围的人快乐，如何让你的智慧巧妙地表达出来，如何成为人前人后羡慕的焦点，只要幽默在身边，所有的这些都已不再是问题。所以，幽默，已成为人生的一种资本，生活的一种艺术。

　　在这本书中，我们为你准备了许多幽默实例，从社交场合到职场、家庭，再到谈判、辩论中，幽默涵盖了你生活工作的每一个方面，教你将幽默运用到点滴细微之处，使幽默成为一种习惯，成为你人前人后受人夸奖的资本。如果你还在为自己的笨嘴拙舌而苦恼，如果你还在为不知如何去讨好女友而烦恼，如果你还在为如何去跟同事朋友亲密相处而不知所措，那么，这本书将是你最好的指导老师。

　　本书紧紧围绕每个人的工作生活，全方位地探讨经典幽默故事中的道理。相信每一个幽默小故事都能带给你一份开心，一次心灵的触动，让你在工作之余，放松身心，在欢声笑语之中提升自己。

编　者

目　录

第一章　提升幽默魅力——幽默是一种人生智慧

幽默的魅力，如同空谷幽兰，看不到它怒放的样子，却能闻到它清新淡雅的香味；又似美人垂帘，不能目睹美人之芳华，却能听到婉转娇媚之声音，更引人无限遐思。

第二章　修炼幽默能力——让幽默成为一种处事能力

　　幽默研究学者张瑞君说："如同树木需要阳光、空气和水，人需要的是幽默。幽默感是现代人应有的素质。"他还说："对疲乏的人们，幽默就是休息；对烦恼的人们，幽默就是解药；对悲伤的人们，幽默就是安慰……"对于所有的人来说，幽默就是力量！

第三章 运用幽默技巧——熟练掌握幽默方法

花儿之所以显得分外红艳，那是因为绿叶的衬托。幽默也是一样，要变得口吐莲花，就不能忽视了它的技巧。它能让你的幽默显得睿智而且韧劲十足。幽默是一门拥有很多技巧的吾言艺术。只有适当的内容，搭配精妙的方法，才能在幽默的保驾护航之下，顺利到达成功彼岸。

第四章 社交中的幽默——让幽默成为一种交际手段

幽默是智慧的外在体现，是灵感与智慧在突然之间的闪现与迸发；幽默是一种交际手段，用委婉的方式润物细无声地深入到人心里，引起了人们的思考；幽默又是一门艺术，它就像一粒粒珍珠，撒落在人们心坎，给人以智慧的启迪和愉悦的享受。

第五章　职场中的幽默——用幽默打开职场通道

职场幽默是仕途晋升的动力，工作中幽默感的价值在于能给工作来点轻松的调料，能幽默地表达你的观点，能在笑声中向上司提建议，幽默地批驳你的上司。有幽默相伴，你做这一切都会左右逢源，不会有独行职场的无助和孤单。

第六章　商场中的幽默——让幽默成为财富的敲门砖

　　在商场中不仅要严阵以待，有时更需要用幽默来点缀。幽默感是工作中的调料，比如说幽默地向客户推销自己，在面对客户刁难的时候，用幽默的言辞让客户转怒为乐等等。可以说，幽默是你在商场中获得财富的敲门砖。

第七章　家庭中的幽默——让幽默成为家庭幸福的润滑剂

　　如果家是温馨的港湾，那幽默就是港湾偶尔翻滚的波浪：如果说家是一首爱的赞歌，那么幽默就是其中欢悦的音符。有幽默的地方就有笑声，家更需要幽默。

第八章　婚恋中的幽默——让幽默谱写浪漫的爱情金曲

　　每个人都向往美好的爱情。在享受爱情的同时，不要忘记：幽默是爱情的催化剂。美好的爱情往往是可遇而不可求的。你要善于抓住身边的每一个机会，在遇到爱的人的时候，用幽默的语言表达出你内心热烈的爱恋之情。

第九章　演讲中的幽默 ——用幽默提升演讲的感召力

　　演讲是在比较正式的场合对众人所做的一种带有鼓动性、说服性、抒情性和表演性的讲话。但是，不能因为它比较正式，演讲人就一定要端起架子，板起面孔，做枯燥无味的陈述。所以，营造幽默轻松的气氛是使演讲易于为人接受的一种高明的方法。

第十章 谈判中的幽默——用幽默打破谈判僵局

　　谈判是人们生活和工作中不可缺少的活动。当人们为了达到某种目的或获得某种利益，而需要和有关方面达成一致意见时，就要和对方进行商谈。谈判的技巧有多种，而幽默是打破谈判僵局的有效方法。

第十一章　管理中的幽默——用幽默提升管理效果

人性化管理，是新时代的领导者急需努力学习的管理模式。富有幽默艺术的领导，总能够让他的团队既开心又卖力地工作。

第十二章 辩论中的幽默——让幽默成为辩论制胜的利器

在辩论场上与对手辩论时，或者在生活中与人发生争执时，幽默论辩常常可以让人立于不败之地，并且能够化争执为会心一笑。幽默论辩有着强大的力量，常常能发挥通常意义上的证明与反驳所无法达到的作用。

第一章　提升幽默魅力

——幽默是一种人生智慧

　　幽默的魅力，如同空谷幽兰，看不到它怒放的样子，却能闻到它清新淡雅的香味；又似美人垂帘，不能目睹美人之芳华，却能听到婉转娇媚之声音，更引人无限遐思。

幽默是智慧激发的灵感

【幽默故事】

有一个女作家，她的言情小说写得细腻优美，很受读者喜爱。在一次签售会上，有一个人很不服气地走到台前，当着众人的面冲着她嚷道："你的小说写得可真好。不过，我想请问是谁帮你写的呢？"

在这个人的恶意挑衅下，台下的气氛顿时变得紧张起来，所有喧闹的声音戛然而止。有的读者看着作家，觉得很尴尬。大家都不知道接下来会发生什么事，也不知道女作家该如何挽回面子。

然而，女作家并没有表现出很为难的神情，她甚至都没有生气，而是面带微笑礼貌地回答这个人说："谢谢你对我作品的夸奖。不过，我也想请问，是谁帮你看的呢？"

作家的反问让那个人哑口无言，他灰溜溜地走了，台下一片热烈的掌声。女作家以幽默的语言巧妙回击，不但维护了自己的形象，更展示了自己的聪明才智。

【明眸智慧】

幽默是对智慧、聪明和博学的巧妙应用，使人发笑、惊异或啼笑皆非，使人开心、欢乐。它是以表面上的滑稽和形式上的玩笑，起到实质上的庄重和内容上严肃的效果。用一句通俗的话来说就是"亦庄亦谐"，即语言庄重却透露出雅趣风范，雅趣中又蕴含着庄重大方。倘若只有庄重严肃，则索然无味；如果只有风趣，则未免流于凡俗，缺少翩翩风度了。真正的幽默，是令人用五分钟发笑后，却要用十分钟来思考回味。因为唯有饱含情趣的人生智慧，才是幽默的灵魂。

幽默是智慧的象征，是人类智慧财富中的无价之宝。有智慧的人不一定幽默，但幽默的人一定是智慧的。要知道，幽默感是可遇而不可求的，它是思维的火花、智慧的结晶。用幽默来激发灵感，用幽默来发掘灵感。

幽默让自己更加出众

【幽默故事】

1945 年 8 月 28 日，毛泽东从延安飞抵重庆参加国共和谈。其间有人向毛泽东提了一个尖锐且不太好回答的问题："假如此次和谈失败，国共再度开战，毛先生有无信心战胜蒋先生？"

毛泽东回答："先生讲的只是一种假设，这个问题不大好说。总之我们也做过最坏打算。至于我和蒋先生嘛，蒋先生的'蒋'字，乃是将军的'将'字头上加了一棵草，他不过是一位草头将军而已。"

提问者又问："那么，请问毛先生的'毛'字，又作何解释呢？"毛泽东答道："我这个'毛'字，可不是毛手毛脚的毛，而是一个反'手'，反手即反掌，意思就是代表大多数中国民众意愿和利益的共产党，要战胜代表少数人利益的国民党，易如反掌！"毛泽东通过这种"解字"式幽默，冷静回应了敏感的话题，引来全场掌声。

【明联智慧】

在领导者的交锋中，幽默比不幽默更有力量。它能化难为易，变尴尬为主动。幽默使领导者具有人格亲和力，使领导者更有力量。具有幽默感的人都有一种出类拔萃的人格，能清楚地认识到自己的力量，独自应付任何艰难的窘境。幽默不是每个人生存的"必要条件"，但每一点幽默的出现，就像树林中掠过的阵阵清风，不仅有灵动感，而且还给人富有生机活力的感觉，让你在芸芸众生中更加出众。

用幽默展现你的宽容

【幽默故事】

有一次，英国现代杰出的现实主义剧作家萧伯纳在街上散步。他一边走路一边低着头思索，突然从旁边的人行道上冲出一辆自行车，他来不及闪躲，被撞倒在地，幸好没有受伤，只虚惊一场。骑车人急忙扶起他，满脸通红地连连道歉，萧伯纳做出一副惋惜的样子说："兄弟，你今天的运气真不好，如果你把我撞死了，你就可以名扬四海了！"

【明联智慧】

不是责难，也不是谩骂，萧伯纳以幽默达观的态度对待冒犯者。引起麻烦的事情，你借助于幽默，就能把这麻烦放到适当的位置而不至于过分忧虑和不悦。以轻松的态度对待麻烦，共享欢乐会使麻烦同整个生活相比后变得不那么重要。含有思想的幽默，如萧伯纳的幽默，固然有益于人；无所谓的幽默，如马克·吐温的幽默，也是幽默的正宗。"幽默"为英文 humor 的音译。透过影射、讽喻、双关等修辞手法，在善意的微笑中，揭示生活中乖谬和不通情理之处。善于驾驭幽默的人大都是将世事看得超脱的人。淡看庭前花开花落，漫观天上云卷云舒。他们眼中的幽默，不管是尖刻，还是宽宏、浑朴、机敏，都出自宽广的胸怀，裨益于世道人心。

一分幽默换来万分快乐

【幽默故事】

中央电视台曾播放过著名漫画家丁聪的故事。90 高龄的丁聪老先生耳不聋、眼不花，从事漫画创作 70 余年，至今仍然笔耕不辍。丁老与 80 多岁的夫人和睦相处，共享老年的欢乐时光。他写给夫人的几句话，幽默诙谐，令人叫绝："太太没有错，都是我的错。太太从来没有错。如果太太真的有错，那也是我的错，是我没有发现太太的错。如果没有我的错，也就没有太太的错。所以太太永远没有错。"

这段像绕口令一样的"法则"，令人忍俊不禁。它用夸张搞笑的语言告诉人们一个深刻的道理：夫妻之间相处，要相互宽容，特别要最大限度地包容对方的缺点。众人在赞叹漫画大师丁老的智慧幽默的同时，更加佩服他的睿智乐观。

【明联智慧】

幽默可以调节沟通气氛，还可以驱除沟通中的疲劳感，让人身心健康，延年益寿。据说，位于意大利亚平宁半岛的 5 700 万人中就有 1 900 万人在 75 岁以上，平均 3 万人中就有一个百岁老寿星。这里的人都有一个共同的特点：心胸坦荡、乐观开朗、幽默善谈。他们很爱辩论，虽然有时争得面红耳赤，但却极少真的互伤感情，因为他们总以十分幽默的语言来缓冲刺激、调节气氛。长期的观察证明，意大利人长寿的原因之一，是生活中充满了幽默感。

马克·吐温曾经说："让我们努力生活，多给别人一些欢乐。这样，我们死的时候，连殡仪馆的人都会感到惋惜。"可见，幽默是一剂多么难得的"良药"，因为幽默总是和笑声连在一起的。笑不仅仅使人心情舒畅、精神振奋，而且能消除忧虑、愉悦人生。在平常生活中，一分钟的幽默，就能让人笑口常开，给人一种乐观向上的精神力量，甚至是让人在悲伤的时候帮助其笑对人生，轻松愉快而又有意义地生活。

幽默能够提升自我魅力

【幽默故事】

新中国成立初期，国内经济刚刚复苏，在一个招待会上，一个外国记者向周恩来总理提出一个敏感的问题："请问总理阁下，中国人民银行有多少资金？"其意在讥诮中国贫穷，靠发行钞票维持市场的运作。

周恩来总理看了一眼提问者，然后一板一眼地说："据我所知，中国人民银行的货币一共有18元8角8分。"这个数字使在场的中外记者愕然。稍停片刻，周恩来总理又进一步解释道："中国人民银行迄今发行了面值为10元、5元、2元、1元、5角、2角、1角、5分、2分、1分等10种主币和辅币，合计为18元8角8分。"货币发行量是衡量一个国家通货膨胀水平的标杆，属于国家绝密，岂可轻易为外人道！然而作为一国总理，又不能将这个问题推给主管单位去回答，更不便以"无可奉告"搪塞。总理的回答既巧妙地避开了锋芒，又展示出自己从容不迫的风度，赢得了世界多国人民的喜爱和尊敬。

【幽默智慧】

对于周恩来总理的幽默，很多人都耳熟能详。他的语言机智敏捷又寓意深刻。其实真正的幽默既不像滑稽那样让人傻笑，也不像冷嘲那样让人在笑后觉得辛辣。它极适时地使人在理智思考过后，在情感上产生会心甜蜜的微笑，这才是真正的幽默。它饱含着意味深长的智慧，不是无聊的玩弄噱头，不是庸俗的油腔滑调，也不是刻薄的冷嘲热讽。

幽默是一种生活态度

【幽默故事】

美国前总统卡特在南方时，曾虔诚地接受过基督教的洗礼。由于这段经历，记者们常常喜欢让他就道德问题发表看法，其中不乏一些不太礼貌的难题。

有一次，有一位记者问卡特："如果有人告诉你：你的女儿与别人有不正当的恋爱关系，你将做何感想?"卡特回答说："我会大吃一惊，不知所措。"稍作中断后他又加上一句："不过现在还不用操心，她刚刚七岁。"在场的人听了会心而笑。

【明联智慧】

幽默是一种生活态度，是一门语言艺术。林语堂在论及幽默时说道："幽默是由一个人旷达的心性中自然而然地流露出来的，其语言中丝毫没有酸腐偏激的意味。而油腔滑调和矫揉造作，虽能令人一笑，但那只是肤浅的滑稽笑话而已。只有那些巍巍荡荡、朴实自然、合乎人情、合乎人性、机智通达的语言，虽无意幽默，但却幽默自现。"人生有许多无奈，生活中诸事，岂能尽如人意? 但幽默却能让你笑看天下古今愁，了却人间许多事。由此看来，能否幽默，并不单单靠智慧和口才，还要有知识底蕴，更需具备旷达超脱的生活态度。

幽默带来无尽生活乐趣

【幽默故事】

罗斯福还未成为美国总统之前，有一次，家中遭窃，朋友写信安慰他。罗斯福回信说："谢谢你的来信，我现在心中很平静，这要感谢上帝，因为第一，窃贼只偷去我的财物，并没有伤害我的生命；第二，窃贼只偷走部分的东西，而非全部；第三，最值得庆幸的是，做贼的是他，而不是我。"

【明眸智慧】

真正懂得幽默乐趣的人，就如同故事中的罗斯福总统，抱着乐观的生活态度去发现幽默、发现幸福，这样我们必然能生活在欢声笑语当中。幽默机智的反应并非只是能言善辩，而是一种快乐、成熟的生活态度。掌握了它等于掌握了智慧的结晶，得到了快乐的源泉。学习幽默，才能"乐观地对待一切，笑看人生"；才能"开口就是智慧，发声就是天籁"。幽默感是一种能力，一种了解并表达幽默的能力；幽默是一种艺术，一种运用幽默感来增进你与他人关系的艺术；幽默是人际关系的润滑剂，它以善意的微笑代替抱怨，避免争吵，使你与他人的关系变得融洽，更有意义。

幽默让生活五彩斑斓

【幽默故事】

青年人举行婚礼是人间美事，可下面这位小伙子用幽默使其婚礼锦上添花。小伙子姓张，新娘姓顾，他借着两人的姓做了一次令人叫绝的恋爱经验介绍：

"本新郎姓张，新娘姓顾，我们尚未认识时，我是东'张'西望，她是'顾'影自怜。后来我'张'口结舌去找她，她说她已有所爱，我'张'皇失措，劝她改弦更'张'，她说现在只好'顾'此失彼了，我大'张'旗鼓地追求她，她左'顾'右盼地等着我。认识久一点，我就明目'张'胆，她也无所'顾'忌。于是，我便请示她择吉开'张'，她也欣然惠'顾'。"

小伙子句句挂"彩"，调侃令人喜笑颜开。在这里，幽默是幸福之花，欢乐之果，是刚启封的美酒，是暖融融的春风。

【明眸智慧】

幽默能使人们消除烦恼，化解痛苦，还能美化、乐化我们的生活，为生活增添笑声，使生活变得五彩斑斓。幽默的心理体验是通过言行公之于众的，因此表达幽默有有声语言、书面语言、体态语言等手段。幽默的表达贵在自然，某些有做作痕迹的幽默虽然也能激起人们的兴趣，但给人留下的感觉并不怎么好。人们会认为这些装模作样的幽默不过是哗众取宠。可见，富有幽默感，秉持着幽默秉性对每个人的生活来说是多么重要，它能使人们每天在五彩斑斓中体验生活的美妙。

幽默让紧张化为轻松一笑

【幽默故事】

美国心理学家保尔·麦基认为,幽默感对于人的社交能力的发展起着举足轻重的作用。与幽默家在一起好比读一本好书,受益无穷,快乐无限。

有一次,温斯顿·丘吉尔的政敌阿斯特夫人对他说:"温斯顿,如果你是我的丈夫,我会把毒药放在你的咖啡里。"

丘吉尔笑笑说:"夫人,如果我是你的丈夫,我就会把那杯咖啡喝下去。"

这里,丘吉尔用巧妙的回答讽刺了政敌的攻击,以牙还牙,但并没有直面冲突,用温婉而又有力的幽默给了对方教训。这是值得每一个人学习的说话技巧,甚至是做人的技巧。

【明联智慧】

幽默语言可以使你内心的紧张和重压释放出来,化作轻松的一笑。在沟通中,幽默语言如同润滑剂,可有效地降低人与人之间的"摩擦系数",化解冲突和矛盾,并能使你从容地摆脱沟通中可能遇到的困境。在社交中,谈吐幽默的人往往能取胜,没有幽默感的人往往会失败。在交际场合,幽默的语言极易迅速打开交际局面。

幽默可以帮助你减轻人生的各种压力,摆脱困境;幽默能帮助你战胜烦恼,振奋精神,在沮丧中转败为胜;幽默能帮助你把许多的不可能变成可能;幽默比笑更有深度,其产生的效果远胜于咧嘴一笑。当你把你的幽默作为礼物奉献给他人时,你会得到同等的甚至更多的回报;幽默能使他人更喜欢你、信任你,因为他不必担心被取笑,被忽视,所以人们希望与幽默的人一起工作,乐于为这样的人做事,而且希望与一位有幽默感的人成为终身伴侣。总之,幽默是一切奋发向上者身上必不可少的力量。

幽默是灰心丧气的克星

【幽默故事】

美国著名的剧作家考夫曼,20多岁的时候就挣到了一万多美元,这对于当时的他来说是一笔巨款。为了让这一万美元产生效益，他接受了自己的朋友、悲剧演员马克兄弟的建议，把一万美元全部投资在股票上，而这些股票在1929年的经济大萧条中全部变成了废纸。但是，考夫曼却看得很开，他开玩笑似地说："马克兄弟专演悲剧，任何人听他的话把钱拿去投资，都活该泡汤！"

面对这么一大笔损失，考夫曼没有怨天尤人，而是运用了假托埋怨、苦中作乐的方法面对痛苦和困境，不失为一个乐观豁达的智者。

【明眸智慧】

生活中令人们灰心丧气的事情很多，比如，早上没有赶上班车或者没有挤上电梯，这些看似微不足道的小事都有可能令你烦闷一整天。而烦恼对于寻求快乐的人来说是很危险的情绪，稍不留意它就可以将你拖向精神崩溃的边缘。因此，聪明的人不能不思考解脱之道。而幽默正可以做到这一点。心情灰暗、消沉时，来一点幽默，也许你就会觉得其实一切都可以风轻云淡的，这就是幽默的力量，因此人们说，幽默是灰心丧气的克星。

幽默是一颗"开心果"

【幽默故事】

作家欧希全在他的《夫人》一书中提到，一天晚上，芙蓉制品公司的大亨鲁宾斯坦女士在家里宴请宾客。席间一位客人不断地批评她，说她的祖先烧死了圣女贞德。其他客人听了都不舒服，几次想使他换个话题都没成功。谈话越来越令人难以容忍。最后鲁宾斯坦女士自己说："好吧，那件事总得有人来做。"

鲁宾斯坦女士的一句话最终结束了这段谈话，并让人们在微笑间忘却了刚才的尴尬。

【明眸智慧】

现代社会生活中，一个人的社交活动已经扩展到了无所不及的范围。从某种程度上可以说，凡是有人生活的地方，就有社交活动。同样，凡有社交活动的地方就少不了幽默和幽默的力量。幽默俨然已经成为人们生活中不可缺少的一部分了。幽默的力量不会使你长高或变瘦，不会帮你付清账单，也不会帮你干活，但它的确能帮助你解决人际关系中的种种难题。当你希望成为一个能克服障碍、赢得他人喜欢和信任的人时，千万别忽视这股神奇的力量。因为，幽默是你进行社交，进行沟通的桥梁，是一颗随时随地让你开怀的"开心果"。

幽默可以减轻病痛

【幽默故事】

古代有一位巡抚，长期患有一种精神忧郁症，看了许多医生，都未见效。一天他因公坐船经过山东台儿庄，忽然犯了病，地方官员即推荐一名当地有名的老医生为他治疗。医生诊脉后说："你患了月经不调症。"巡抚一听，顿时大笑，以为他是老糊涂了。以后他每想起此事，就要大笑一阵，天长日久，他的病竟自好了。过了几年，这位巡抚又经过台儿庄，想起那次有病之事，特意来找老医生，想取笑一番。老医生说："你患的是精神忧郁症，无什么良药可治，只有心情愉快，才能恢复健康，我是故意说你患了'月经不调症'，让你常常发笑。"

【幽默智慧】

人们常说"病由心生"，看来心情不好确实能够影响健康。最新的医学研究也发现，笑口常开也可以防治传染病、头疼及高血压等病，可以减轻过度的压力。因为幽默的笑声，可以增强血中的氧分，并刺激体内的内分泌，对抵抗病菌的侵袭有很大帮助。而不爱笑的人，患病概率较高，且一旦生病之后，也常常是重病。幽默和笑是密不可分的，"笑"是幽默的产物。自古以来我国就有这样的谚语"笑一笑，十年少"，"笑口常开，百病不来"。

幽默助你排忧解难

【幽默故事】

在一个大城市的市郊，有一个颇具规模的化工厂，他们终年生产一种化学产品，从烟囱里排出了大量的烟和灰尘，使邻近的几家企业饱受烟和灰尘之苦。在一次他们接连加班生产的时候，隔壁一家工厂的厂长半开玩笑地说："他们生产这么忙，如何处理这些烟和灰尘呢？"化工厂的厂长也半开玩笑地说："我们打算将烟筒加高二分之一，与此同时，我还将向包装厂订制一个特大的塑料袋，并用直升机把袋子吊到烟囱的上空罩下来。"两位厂长各带幽默的话语，使他们互相取得了谅解，一道哈哈大笑起来，紧张的心情便渐渐地舒展开来了。

【明联智慧】

当你跟别人开玩笑，同别人一同笑的时候，幽默就在互相之间得到了交流。你应当把轻松愉快、诚恳坦率、同甘共苦的态度送给他们。只要你稍稍留意，就会发现你的工作中存在着许多不易为人察觉的幽默故事。在工作中，有时你需要肯定地坚持自己的观点，过分的忍耐对工作并没有好处，所以除知道息事宁人之外，在某种情况下适当地抱怨几句，对解决问题更有利，特别是你心中憋着一大堆话时，更不要忘记采用幽默的方式。

幽默能够大事化小

【幽默故事】

约翰·洛克菲勒是世界有名的富翁，但是，他在日常开支方面却很节约。一天，他到纽约一家旅店投宿，要求租一间最廉价的房间。

旅店的经理说："你为什么选择这么廉价的小房间呢？你的儿子来住宿时总是选择最贵的房间。"

"没错，"洛克菲勒说，"我儿子的父亲是百万富翁，我的父亲却不是。"

【明联智慧】

洛克菲勒就是这样，以幽默来对待生活中不顺心的事。在生活中，如果人们能常以幽默来对待各种事情，如在寒冷、炎热、潮湿的令人难熬的日子里，说上几句逗人开怀的笑话，肯定能振作大家的精神。幽默的人在满足中获得前进的动力，绝不在烦恼和抱怨中消弭自己的进取心。有幽默品质的人善于拨动笑的神经，笑天下可笑之人，容世间难容之事。生活是丰富多彩的，只要你的想象力和创造力不被一些框框所束缚，就能借幽默的力量，给生活注入兴奋剂。

幽默是会心的微笑

【幽默故事】

有一次，泰戈尔接到一个姑娘的来信："您是我敬慕的作家，为了表示我对您的敬仰，打算用您的名字来命名我心爱的哈巴狗。"泰戈尔给这位姑娘写了一封回信："我同意您的打算，不过在命名之前，你最好和哈巴狗商量一下，看它是否同意。"

泰戈尔是如此的宽容和蔼，他的回信又多么饱含智慧！

【幽默智慧】

"幽默"这个名词的意义虽难于解释，但凡是真正理解这两个字的人，一看见它们，便会极自然地在嘴角上浮现出一种会心的微笑来。"幽默"二字太幽默了，每每使人不懂。用"会心的微笑"来解释就很恰当，而且容易理解。因为，"幽默"既不像滑稽那样使人傻笑，也不像冷嘲那样使人在笑后觉得辛辣。它极适中地使人在理智思考过后，在情感上产生会心甜蜜的微笑，这是最高级的幽默。幽默的种类繁多，微笑为上乘，傻笑也不错。幽默的人生观是真实、宽容、同情的人生观，对人们来说是一种温馨，会心的微笑。

幽默是一种乐观的心态

【幽默故事】

在一个小山村里，有一对残疾夫妇，女人双腿瘫痪，男人双目失明。春夏秋冬，他们播种、管理、收获，一年四季，女人用眼睛观察世界，男人用双腿丈量生活。时光如流水，却始终没有冲刷掉洋溢在他们脸上的幸福。

有人问他们为什么如此幸福时，他们异口同声地反问："我们为什么不幸福呢？"男人笑着说："我双目失明，才能完全拥有我妻子的眼睛！"女人也微笑着说："我双腿瘫痪，我才完全拥有他的双腿啊！"这就是幸福，一种乐观豁达的胸怀，一种左右逢源的幽默人生佳境！

【明眸智慧】

如果人们像那对夫妇一样，抱着这种乐观的生活态度，去发现幽默，发现幸福，人们必然能生活在欢声笑语中。拥有了这种胸怀和这种境界，心灵就犹如有了源头的活水，人们就能用心灵的眼睛去发现幸福，发现美。在人们眼中，姹紫嫣红、草长莺飞是美的；大漠孤烟、长河落日也是美的；人们甚至可以用心领会到"留得残荷听雨声"、"菊残犹有傲霜枝"的优美意境。这就是乐观，这就是幸福……

幽默是一种坚强的意志

【幽默故事】

爱迪生在发明电灯的过程中，试验灯丝的材料失败了 1200 次，总是找不到一种能耐高温又经久耐用的好金属。这时有人对他说："你已经失败 1200 次了，还要试下去吗？"

"不，我并没有失败。我已经发现 1200 种材料不适合做灯丝。"爱迪生幽默地说。

【明眸智慧】

爱迪生就是以这种惊人的幽默力量，从失败中看到了希望，在挫折中找到了鼓舞。这就是这个伟大的发明家百折不挠、硕果累累的诀窍。有时候，面对失败，你的意志和信心可能会滑坡，而适时的幽默可以帮助你避免这一点。

幽默中渗透着一种坚强的意志。有幽默感的人往往是奋力进取的人。他们面对失败的打击，恶劣的环境，能够以幽默的态度自强不息。发明家爱迪生就是一个善于以幽默的态度对待失败而又不断进取的人。在漫长的人生道路上，每个人都难免会与逆境狭路相逢。很多人畏惧逆境带来的动荡和痛苦，但从长远看，时常有些小挫折，倒是更能使人保持头脑清醒，经受得住考验，也更能磨砺人的意志。

幽默的人相信失败是成功之母。失败和成功在一定条件下是可以相互转化的，正因为曾经有失败，所以才能在不断地总结失败的教训后获得成功。

幽默是一种开朗的精神

【幽默故事】

不幸的基姆先生病了。医生彻底检查完了之后，十分悲哀地告诉他："你的健康状况糟透了！您腿里有水，肾里有石，动脉里有石灰……"基姆接口道："现在您只要说我脑袋里有沙子，那么我明天就可以盖房子了！"

【明联智慧】

的确，疾病对人的打击并不是一件小事，但一个有超脱、潇洒的生活态度的人却不会因此而失去生活的希望和欢乐。在实际生活中，当你患病、住院或遭受意外伤害时，幽默的确能帮你减轻痛苦。即使在最简单的情况下，你的幽默也能帮助你改变生病时的烦闷心情。

欢乐和笑声是人们生活中必备的良药，它使人们总能保持一种乐观的生活态度。只要幽默存在，就能使人放松心情，而唯有贤者才能在任何情况下都保持宽松的心境。拥有乐观的人生态度是幸福的支柱。而幸福是乐观要抵达的目的地，要想使自己幸福，就要首先具备乐观的精神，幽默的心态。

幽默是一种豁达的品格

【幽默故事】

在半夜时分有小偷光临，一般不会令人愉快，可是大作家巴尔扎克却与小偷开起了玩笑。

巴尔扎克一生写了无数作品，还是常常不免穷困潦倒，手头拮据。有一天夜晚他正在睡觉，有个小偷爬进他的房间，在他的书桌上乱摸。

巴尔扎克被惊醒了，但他并没有喊叫，而是悄悄地爬起来，点亮了灯，平静地微笑着说："亲爱的朋友，别翻了，我白天都不能在书桌里找到钱，现在天黑了，你就更找不到啦！"

【明联智慧】

幽默展示了一种豁达的品格。豁达是对人性的一种肯定，亚里士多德就曾经说过："幽默发现正面人物在个别缺点掩饰下的真正本质。正是这样不断地克服缺点，发展优点，这也就是幽默对人的肯定的力量之所在。"幽默显现了一种宽阔博大的胸怀。有幽默感的人大多宽厚仁慈，富有同情心。幽默不是超然物外地看破红尘，幽默是一种积极豁达的人生观念。

这种幽默得近乎艺术化的表达比起板起面孔的训斥要好上何止百倍。华盛顿总统曾经说过："世界上有三件事是真实的——上帝的存在、人类的愚蠢和令人好笑的事情。前两者是难以理喻的，所以我们必须利用第三者大做文章。"

幽默是烦恼的敌人

【幽默故事】

一个韩国旅游团在我国南方某省旅游，时值梅雨季节，外宾感到很扫兴，然而他们幸运的是遇到了一个善解人意、风趣幽默的导游。导游在车上用韩语说："你们把雨从韩国带到中国来了，可雨在车外；你们把首尔的太阳也带来了，它就在车厢里。"妙语既出，一片掌声。其中有位老太太游武夷山时，由于裙子被葨藜划破，泄气地坐在了地上。"老太太，您别生气，"导游和颜悦色地说，"这是武夷有情，它请您不要匆忙地离去，叫您多看几眼呢！"这话像春风般吹散了老太太脸上的"愁云"，使她重新恢复了游兴。

【明耻智慧】

幽默是烦恼的克星。幽默能改变人们灰暗、消沉的心境，帮助我们找回自信、激情和兴致，使人们精神爽朗、心情舒畅。幽默的力量在于调节，它能在领悟全部人生内涵之后，创造新的气氛，以带来可贵的心理平衡。人们都熟悉那个永远是乐呵呵的大肚子弥勒佛。他的哲言是：大肚能容，容天下难容之事；开口常笑，笑世上可笑之人。人们应该学学这位乐观的智者，在人们遇到令人们烦恼的事或人时，不妨笑一笑，或来点幽默，不要把它看得太严重，总之，不要自我折磨，自寻烦恼。

巧用幽默应对失意

【幽默故事】

幽默家兼钢琴家波奇，有一次在美国密歇根州的福林特城演奏，发现全场座位坐不到五成。他当然很失望。但是他走向舞台的脚灯，对听众说："福林特这个城市一定很有钱。我看到你们每个人都买了 3 个座位的票。"

于是这半满的屋子里，充满了笑声。

【明眸智慧】

具有幽默感的人，同样也能够在人前保持最客观的言论态度。让他人看到自己的滑稽，同时也能在他人眼中看到另一个自我的存在。换一个角度去思考问题，如果是自己失败或做错事，也不失为培养幽默心理的大好时机。有幽默感的人能够很容易地把自己的失败当成昨日云烟，当成一场噩梦而已。

失意总是短暂的，而从幽默的角度来想，又是别样的意境。幽默能让世人笑口常开，从而能从一种乐观向上的生活态度中获得幸福的感觉。生活是多姿多彩的，关键是你用什么样的眼光来看待它。巧用幽默来应对失意，你会发现生活原来如此美好。

幽默应对生活烦恼

【幽默故事】

唐僧师徒去西天取经，终于到了雷音寺，见到了如来佛祖。如来佛祖吩咐弟子迦叶长者给唐僧取经书。谁知迦叶长者向唐僧他们苦苦索要钱物，唐僧无奈，只得将唐朝天子赐的紫金钵盂给了他。猪八戒好生愤怒，向如来佛祖告状说："迦叶长者索要钱物，拿了我们一个紫金钵盂。"如来佛祖说："佛家弟子也要穿衣吃饭。以前，舍卫国赵长者请众多弟子下山，将此经诵了一遍，讨得了三斗三升黄金麦粒回来，你们那钵盂才值多少金子？"猪八戒一听，气坏了，他气呼呼地走出来，说道："成天说要见佛祖，这不，见到了佛祖，佛祖原来也是爱钱的。"唐僧说："八戒，你莫烦恼。你不想想，我们回去以后，还不是得替人家诵经。"

【明眸智慧】

在现实生活中，很多人容易让一些微不足道的小事造成不愉快的心境，心绪烦躁，往往又不能自觉地去反思，去自责；于是心理不平衡，或闷闷不乐，或郁郁寡欢，或牢骚满腹，或大发雷霆。以这种焦躁情绪待人处世，生活氛围将会被弄得更糟，从而产生一种恶性的情绪循环。其实面对这些烦恼的事，人们只需心胸开朗，然后以微笑面对之即可。俄国作家契诃夫说："愉快的笑声，是精神健康的可靠标志。"让人们记住古人的话："应世法，微微一笑。"用微笑和幽默来面对人生和生活中的各种烦恼吧。

幽默帮你排除苦闷

【幽默故事】

有一位销售员，他攒钱攒了好几年，好不容易买了一辆新汽车。有一次，他教太太开车，车下坡时，煞车突然失灵了。

"我停不下来！"他太太大叫，"我该怎么办？"

"祷告吧！亲爱的。"销售员也大叫，"性命要紧，不过你最好找便宜的东西去撞！"

车撞在路旁的一个铸铁垃圾箱上，车头撞坏了。然而他们爬出车子时，并没有为损失了一大笔财产而沮丧，反而为刚才的一段对话大笑起来。目睹的行人以为他们疯了，要么就是百万富翁在以离奇的方式寻找刺激。有人走过来问："你们想把车子撞坏吗？"销售员说："我太太看见了一只老鼠，她想把它压死。"

【明眸智慧】

在不尽如人意的生活中，幽默能帮助你排解愁苦，减轻生活的重负。用幽默的态度对待生活，你就不会总是愤世嫉俗，牢骚满腹，你也能通过这种幽默的方式学会苦中作乐。从困境中寻找快乐是一种愿望，但这个愿望的实现需要借助于相当勇敢的、超乎常人的丰富的想象。但是，有了这样的想象而不善于在想象中借助偶然的因素来构成某种荒谬的推理，也就很难成功地运用幽默的艺术。

笑是一种简单而又愉快的运动，幽默产生的时刻，也正是人的情绪处于坦然开放的时刻。所罗门王的许多名言都告诉人们，幽默和健康是分不开的。例如"心中常有喜乐，身体常保健康"。古罗马人相信笑应该是属于餐桌上的，因为笑能促进消化。学会了苦中作乐，你就窥见了通向身心健康的门径。

幽默的自信最美

【幽默故事】

有一次，萨马林陪斯图帕托夫大公围猎，闲谈之中萨马林吹嘘自己说："我小时候也练过骑射，即使说不上精通，也算得上箭不虚发。"

大公要他射几箭看看，萨马林再三推辞不肯射，可大公非要看看他"箭不虚发"的本事。

实在没办法，萨马林只好拈弓搭箭。

他瞄准一只麋鹿，第一箭没有射中，便说："罗曼诺夫亲王是这样射的。"

他再射第二箭，又没有射中，说："骠骑兵将军是这样射的。"

第三箭，他射中了，他自豪地说："瞧瞧，这才是我萨马林的箭术。"

【明眸智慧】

尽管自吹自擂并不值得人称赞，但是这种为自己赢得机会的机敏幽默却着实让人钦佩，因为自信，他们懂得利用自身的信心与心理优势，结合自身的幽默感，以自信心和幽默感来感染、俘获对方的心，以达到预期的目的。

无数事实证明，自信能让人坚强，幽默的力量能让人距离成功更近一步。那么，当你下次遭遇尴尬时，大可不必窘迫得想找个地缝儿钻进去。你完全可以换种幽默轻松的方式转移大家的注意力，并且会对你接下来的谈话产生浓厚的兴趣。记住，幽默感不仅考量着一个人的智慧，也考量着一个人的自信程度。

幽默显在细微处

【幽默故事】

一个名叫王强的病人问医生："我能活到90岁吗？"

医生检查了王强的身体后，问道："你今年多大啦？"

王强说："40岁。"

"你有什么嗜好吗？比如说，喜欢饮酒、吸烟、赌钱、女人，或者其他的嗜好？"

"我最恨吸烟、喝酒，更讨厌女人。"

"天哪，那你还要活到 90 岁干什么？"

【幽默智慧】

近来人们常说一句话：细节决定成败。细节的学问被广泛应用于生活的方方面面。如果人们想自我调侃或讽喻他人，也可以大胆运用"细节"法以收到意想不到的幽默效果。"细节"法就是要求人们在生活中要善于观察，在对问题或事件的推理过程中要善于发现漏洞，特别是从反面去发现一些细微的漏洞，然后把那些极其微小的可能性当作立论的出发点。"细节"法的特点是把一个极其微小的可能性引申成现实，尽管最后并不一定能防止对方提出的另一种更大的可能性。

第二章 修炼幽默能力

　　幽默研究学者张瑞君说："如同树木需要阳光、空气和水，人需要的是幽默。幽默感是现代人应有的素质。"他还说："对疲乏的人们，幽默就是休息；对烦恼的人们，幽默就是解药；对悲伤的人们，幽默就是安慰……"对于所有的人来说，幽默就是力量！

以幽默战胜自我

【幽默故事】

在死亡面前，丘吉尔幽默地说："我已经准备好去见上帝，可上帝准备了什么来见我呢？"

法国革命家丹东就义前大声喊道："把我的头拿去吧！我的头是值得一看的。"

美国小说家欧·亨利临终前则说："把灯全点上吧，我不想在黑暗中回老家去。"

面对死亡，这些智者保持着一份超然、幽默的态度，这该是多么非凡的气度啊！

【明联智慧】

苏联学者阿诺欣院士说："我们应该学会用幽默锻炼我们的情感，就像锻炼肌肉一样。"契诃夫也曾告诫人们："朋友，要是火柴在你的衣袋里烧起来了，那么你应当高兴，而且感谢上帝，多亏你衣袋里不是火药库。要是你手指头扎了一根刺，那你应当高兴，挺走运，多亏这根刺不是扎在眼睛里……。"

幽默是一种言语或行动，它不是刀枪剑棍、武林绝技，也不是排山倒海的兵力，而是智慧与知识的综合。很多时候人生最大的敌人就是自我。人们要学会用幽默战胜自我，战胜自我的消极意识。当你处于四面楚歌的危急情境、处于受人非难的尴尬处境时，幽默能给你转败为胜的力量。巧妙运用的幽默，让幽默具有了化险为夷的魔力。

以幽默鼓舞团队志气

【幽默故事】

美国有一位传奇式的篮球教练，叫佩迈尔。他带领的迪泡尔大学篮球队曾获得39次国内比赛的冠军，使球迷们为之倾倒。其中有一年，他的球队蝉联29次冠军后，遭到一次空前的惨败。比赛一结束，记者们蜂拥而至，把他围个水泄不通，问他这位败军之将此时此刻有何感想。他微笑着，不无幽默地说了一句话："现在我们可以轻装上阵，全力以赴地去争夺冠军，背上再也没有冠军的包袱了。"

这句话说到了大家心坎里，在以后的比赛中，队员们斗志昂扬，最终取得了胜利。

【明职智慧】

这位教练无疑是睿智的，在遭受失败的情况下，队员们自己心里也不好受，用幽默的话语来表达理解和化解情绪，无疑要比任何责骂和教训都管用得多。它不仅起到了安慰的作用，也鼓舞了士气。

以幽默培养综合素质

【幽默故事】

三国时魏人邯郸淳所撰《笑林》三卷，为我国最古笑话专集，读来令人捧腹，如其中一则：

鲁国有个人拿着长竹竿进城门，起初他竖着拿，不能进入；后横着拿，也不能进入，怎么也想不出计谋。过了一会儿，有一位老人来，说："我不是圣贤，但是见过的事很多了啊。为什么不用锯当中截断，进入城门？"于是那个人就按照老人讲的截断了竹竿。

【明职智慧】

这些短小的幽默作品让人受益匪浅。这个故事讽刺了那些愚蠢又自作聪明的人，幽默风趣包含其中，多读类似作品对我们平常工作交际生活定有好处。除要有丰富的知识，良好的文化素养外，还必须有较好的口才，才能使言谈富于幽默感。幽默并不是矫揉造作，而是自然地流露。有人非常有见地且深有感触地说："我本无心讲笑话，笑话自然从口出。"其中的道理正说明了这一点。

一个人的幽默谈吐，是同他的聪明才智紧密相连的。因此，这就要求我们有良好的文化素养，丰富的文化知识。如果一个人对古今中外，天南地北的历史典故、风土人情等各种事情都有所了解和掌握，再加上有较强的驾驭语言能力，说话就容易生动、活泼和谐趣。古今中外著名的幽默大师往往又都是语言大师。

以幽默培养言谈举止

【幽默故事】

著名医生周礼荣在一次讲演中，谈到访问非洲的经历时说："非洲朋友对我们自力更生制造出的高质量的显微镜感到惊奇。"接着他话锋一转，向大家介绍这种显微镜的性能。这时，他突然风趣地用起了电视广告语言："上海光学仪器厂出品的显微镜，可以和德国的显微镜相媲美，质量可靠，物美价廉，代办托运，实行三包。"一时间，笑语满堂，气氛活泼轻松。没有知识，没有生活，没有口才，是绝不可能说得如此活灵活现、绘声绘色的。

【明职智慧】

反应迅速是幽默谈吐的特点之一，这就要求说话者思维敏捷，能言善辩。然而，这些亦是对生活的深刻体验和对事物的认真观察的结果。敏锐的观察力不仅是科学研究中必备的条件，也是产生幽默谈吐的重要因素。在古今中外浩瀚如海的书籍中，特别是在讽刺小说、喜剧剧本、笑话集和寓言等作品中，关于幽默语言的记述甚多。多多阅读这些作品，我们可以从中受到启发。此外，还可以多欣赏些滑稽剧、相声等文艺节目，从而开阔眼界，丰富知识。因为，幽默是在广闻博见的基础上产生奇妙联想而涌现出的语言，有时只需几句话就能说明许多问题。对实际事物，对历史知识所知甚少的人，一个孤陋寡闻、离群索居的人，是很难把话说得幽默的，当然也就谈不上有幽默感了。

以幽默锻炼观察能力

【幽默故事】

以语言犀利、锋芒毕露见长的英国生物学家赫胥黎，在一次讲演中勇敢抨击了当时的社会对科学极不公正的态度。他说："科学这位'灰姑娘'天天生起火来，打扫房间，准备餐食；而到头来，人们给她的报酬，则是把她叫作贱货，说她只配关心低级的物质的利益。"60岁那年，他怀着既沉重又难舍的心情辞去英国皇家学会会长的职务。他在一次讲话中说："我的理智和良心已经向我指出，我已经无法完成这个会长职位的各项重大任务，所以我一分钟也不能干下去了。"这位德高望重的老人痛心地讲完上述话语后，又不无谐趣地对朋友们说："我刚刚宣读完了我去世的官方讣告。"

【明职智慧】

赫胥黎以拟人化的比喻，将教会和习惯势力摧残扼杀科学的狰狞面目揭示得淋漓尽致，因而具有震撼人心的力量。他又风趣幽默地将辞职演说喻作"官方讣告"，这正是他自己复杂、痛苦的内心的写照。科学家如果没有对事物入木三分的观察力，是无论如何也说不出如此传神的话语来的。

要把话说得幽默，要做到"意料之外，情理之中"，没有细致的观察力是难以奏效的。必须能够把一件平凡的事物由里往外，由外往里看个透，一两句话就能把那讳莫如深的东西端出来，凭借细致的观察力来创造幽默，从人们熟视无睹的现象中创造出别人所不曾问津的东西。其实，每个人都具有这样的能力，切莫自己束缚自己。

以幽默丰富想象力

【幽默故事】

主人请客人在家里吃饭。客人酒足饭饱仍不想告辞。主人终于忍不住了，指着窗外树上的一只鸟对客人说："最后一道菜这样安排：砍倒这棵树，抓住这只鸟，再添点酒，现烧现吃，你看怎样？"

客人答道："只恐怕没砍倒这棵树，鸟早就飞了。"

"不，不！"主人说，"那是只笨鸟，不知道什么时候该离开。"

【明职智慧】

从上例可以看到，这位主人的确有着丰富的想象力，因此，幽默的语言才能脱口而出。

一个人的幽默感同他的社会活动紧密相连。要使自己的语言幽默，最好的办法是向生活学习，向社会学习，增加自己的见识，丰富自己的想象力。中外无数的大政治家、大思想家、大文豪都是极富幽默感的人，而在我们的周围也不乏颇富幽默感的人。跟各行各业的人聊天，你会经常意外地发现他们运用语言之妙，表达之风趣，想象力之丰富，足以令人倾倒。因此，将幽默和想象力结合在一起，会发现其实做一个幽默之人也很容易。

以幽默增色言谈话语

【幽默故事】

罗纳德·里根是美国历史上年龄最大的总统，这在崇尚年富力强的美国，不消说是个令其头疼的问题，难怪他的对手蒙代尔总想抓住他的年龄做文章。1984年10月4日晚上，里根为了连任总统，与蒙代尔进行了一场至关重要的公开辩论。法新社记者在当天的电讯中是这样描述的："他在回答他是否认为自己担任总统年龄太大的问题时，把在市政礼堂里的观众都逗笑了，并得到了好评。里根说：'我将不把年龄作为一个竞选问题。我将不利用我的对手年幼无知这一点以占尽便宜'"。

【明联智慧】

幽默使里根"反败为胜"，度过了不好下台的难堪局面。当然，幽默并非是现代社会少数大人物的专用武器。说话人含而不露的神情会增加幽默的效果，因此，谈吐宜含不宜露，宜淡不宜浓。每个人都有这样的体会，一个人在说笑话之前，如果自己已经笑得前仰后合，笑得透不过气来，就很难让别人产生幽默之感。幽默也不能过于深奥，应通俗易懂，语言更要新颖，新颖的语言才能在发笑的效果上更胜一步。

以幽默丰富广博知识

【幽默故事】

两个乡下财主站在村头说私房话儿，农夫老田见了，同他们打过招呼就走了。忽然，其中一个财主喊道："黑老田，站住！"

农夫站住了，对匆匆赶来的瘦财主说："您有什么事儿？"

瘦财主喘了喘气无中生有地说："你打断了我们的话把子，赔三石谷，折合洋钱五十块，必须三日之内交清。"

老田回到家里，愁眉苦脸，茶饭不进，只差没寻短见了。他的妻子问怎么了，老田照实说了。他的妻子就说："这有什么可怕的？到时由我对付！"

到了第三天，田妻叫老田上山打柴，自己便在家门口等着。瘦财主来了，劈头就问："你家老田呢？"

田妻不慌不忙地回答说："他上山挖漩涡风的根去了。"

瘦财主一听，喝道："胡说，漩涡风怎么还有根？"

田妻反问："那么，话还有把子吗？"

瘦财主无言以对，只得愤愤地走了。

【明眸智慧】

知识是幽默的沃土，幽默是知识的产物。广博的知识使幽默得心应手，左右逢源。幽默是建立在知识与经验的基础上，想成为一位幽默家必对古今中外、天南地北、历史典故、风土人情都有所了解，必须对天文地理、声光电化、文法哲经、名人逸事、影星趣闻有所关注。"世事洞明皆学问，人情练达即文章"。只有多读书多阅世，多积累知识，扩大知识面，懂得并熟悉地按照技巧操作，才能登堂入室，修成正果。

以幽默增加个人影响力

【幽默故事】

俄罗斯有一位著名的丑角演员尼古拉，在一次演出的幕间休息时，一个很傲慢的观众走到他的身边，讥讽地问道："丑角先生，观众对你非常欢迎吧？"

"还好。"

"要想在马戏班中受到欢迎，丑角是不是就必须具有一张看起来愚蠢而又丑陋的脸蛋呢？"

"确实如此，"尼古拉回答说，"如果我能有一张像先生您那样的脸蛋的话，我准能拿到双倍的薪水。"

【明眸智慧】

在这个小事例中，傲慢的观众本想借此为难一下尼古拉，却反受到尼古拉巧妙而机智的还击。通常从某种意义上说，培养自己的幽默感，也就是培养自己的处世、生存和创造的能力。有较强生活能力的人，通常也是一个有影响力和感染力的人。一个人是否有影响力，在一定程度上取决于他是否具有幽默感，是否掌握了幽默的艺术。

以幽默焕发自然活力

【幽默故事】

把美国历史翻到发明大王爱迪生的年代。爱迪生除了是科学家、发明家外，还是个商人。由于他的发明，人们才能有现代的电灯设备、照相机、复印机和电影等。这些还只是他充沛的活力贡献给人类的一小部分。更耐人寻味的是爱迪生是一个世人皆知的幽默家。他小时候依靠幽默来应付困苦的生活，在火车上兜售糖果、点心和报纸。

有一次火车上的管理员不耐烦地扯了他的耳朵，使他的耳朵聋了。但是他后来说："谢谢那位先生，他终于使我清静下来，不必堵着耳朵去搞实验。"他一生中留下了许多不朽的、著名的幽默语言和行为，有的妙语传遍世界各地，令几代人永怀不忘。

【明联智慧】

一个具有丰富幽默感的人，他的生活是多面性的。他通常好像有用不完的能力，这些能力表现在多方面的兴趣上。而一个具有较强幽默力量的人，除了多方面的能力外，表现出来的还有充沛的活力和坚忍的意志。正如爱迪生这样具有幽默感的人，往往具有很大的创造力。从某种意义上来说，幽默是构成人的活力的重要因素，也是创造力的源泉之一。

以幽默加强应变能力

【幽默故事】

一个山里人在树下自由自在地休息，商人走过来对他说："喂，你为什么不上山砍柴？"

山里人说："砍柴干什么？"

商人答："好卖钱啊。卖到钱你就可以买头毛驴，再挨家挨户卖柴火。挣了钱你就再买辆卡车，然后买木材做木器，再卖木器，赚了钱再买更多的卡车，那样你就可以发大财了。"

山里人问："发财干什么？"

商人答："发了财，你就可以逍遥自在地享清福嘛。"

山里人说："那你觉得我现在在干什么呢？"

【明联智慧】

生活的本质是什么？人们只有从生活的实践中去体会，去总结。人们不知道山里人所看到的是不是生活的本质，可是山里人冷静的态度和他那以不变应万变的幽默言语一定能促使人们更加深刻地感悟生命，思考生活。

以幽默突破常规思维

【幽默故事】

有一个乡下人进了城，遇到一个妄自尊大的城里人。城里人就想把乡下人奚落一番，于是就故意问道："老乡，请问你有几个令尊？"

乡下人明知对方在戏弄自己，却故意反问："令尊是什么？"

城里人得意了，这个乡下人果然好糊弄，于是就想进一步戏弄他，说："令尊就是儿子的意思啊。"

乡下人毫不迟疑地接上他的话说："噢，我明白了，那么请问您有几个令尊？"

城里人没想到乡下人竟问出这样的话来，一时间竟不知如何回答。乡下人见状，故意做出关心的样子，安慰他说："原来您竟没有儿子。我倒是有两个儿子，可以把其中的一个过继给您当令尊，您意下如何？"

城里人窘得面红耳赤，只好狼狈地溜走了。

【明联智慧】

乡下人在城里人的挑衅面前，没有恼羞成怒，没有畏缩退避，而是开动脑筋，从另一个角度找到了反击的办法，用幽默的语言使城里人知难而退，有力地维护了自己的尊严。

这就是典型的幽默思维，看似答非所问，实则有力地突破了眼前的现实，把话题引到毫不相干的地方，从而制造幽默的效果。有时你站在一个固定的立场上，你看到的事物就是一成不变的。你能看到的，别人也能看到；你要说的话，别人也已经想到了，幽默就无从谈起。要想使自己的思维突破常规，达到幽默所要求的高度，你就必须做到从多个侧面、多个角度去思考问题。只有这样，你的思路才会开阔，思维才会活跃，才能把眼前的事物换个角度、换个立场来讲述，给人以耳目一新之感，幽默才有产生的可能。

以幽默流露自然情趣

【幽默故事】

美国著名的主持人穆哈米曾主持了一场晚会，这场晚会并没有其他节目，只是穆哈米和协助他主持晚会的几个文艺界著名人士在台上进行幽默机智的问答，而台下的观众始终兴致盎然，笑声、喝彩声不断，气氛十分热烈。下面看看穆哈米与明星雷利的一段对答。

鬓发斑白的艺坛老将雷利拄着拐杖，步履蹒跚地走上台来，很艰难地在台上就座。看到这样一个老人，让人很自然地为他的身体担心。

所以穆哈米开口问道："你还经常去看医生?"

"是的，常去看。"

"为什么?"

"因为病人必须常去看医生，这样医生才能活下去。"

此时台下爆发出热烈的掌声，人们为老人的乐观精神和机智语言喝彩。穆哈米接着问："你常去医药店买药吗?"

"是的，常去。这是因为药店老板也得活下去。"

台下又一阵掌声。

"你常吃药吗?"

"不。我常把药扔掉，因为我也要活下去。"

穆哈米转而问另一个问题："嫂子最近好吗?"

"啊，还是那一个，没换。"

台下大笑。

【明眸智慧】

临场发挥是一种技巧，它需要人们有冷静的头脑保持从容镇定，不慌不忙。其实它更多的与自然，与人们的本性早已联系在一起。在各种晚会、文艺演出中，许多主持人演员能够临场应变，妙语惊人，给晚会欢乐气氛推波助澜，也赢得了观众的掌声和喜爱。表达幽默有有声语言、书面语言、体态语言等方式，贵在自然。幽默的自然性是和动作、姿态、表情的自然性融为一体的。

以幽默感受轻松人生

【幽默故事】

大作家雨果就是一个具有幽默感的人。

一天，雨果收到一位初学写作的青年的来信。写信人对这样一个问题颇感兴趣：

"听说鱼骨里含有大量的磷质，而磷质有助于补脑。那么要成为一个举世闻名的大作家，就必须吃很多的鱼才行吧？不知这种说法是否符合实际。"

他又问道："您是否也吃了很多的鱼，吃的是哪种鱼呢？"

雨果回信说："看来，你得吃一对鲸鱼才行。"

【明联智慧】

雨果的回信点出了对方话语的荒诞和浅薄，却又并不尖酸刻薄。如果你想拥有愉快的生活，那就尽可能地培养自己的幽默感吧。

每个人对生活多少都会有些不满，但是何必发牢骚、抱怨、诉苦呢？让妙语和警句的幽默力量成为你消气的工具吧。其实你对任何不满、反对、错误或不平，几乎都可以运用幽默的力量来扭转局面。幽默的力量能够帮助你，使你以平静、轻松的心情与人分享人生。幽默的含义很多，有诙谐意味的，也有调侃意味的。文学上所谓的幽默文学，是指谑而不俗、令人捧腹而又发人深省的文学作品。生活中某些人举止潇洒、言谈风趣，往往能一语解颐，消除紧张或尴尬的气氛，人们就说这种人具有幽默感。

以幽默感悟人生真谛

【幽默故事】

1962 年，苏联著名雕塑家恩斯特·涅伊兹韦斯内与赫鲁晓夫发生了一场冲突。赫鲁晓夫痛恨一切现实主义艺术。有一次，他邀请大批作家、画家、雕塑家和记者到列宁山的宾馆聚会。宾主在愉快的氛中酒足饭饱之后，赫鲁晓夫谈起了艺术，越谈越激烈，开始骂人。他当众极不客气地指责涅伊兹韦斯内："您的艺术像什么？"他搜肠刮肚，寻找尖锐的比喻。"对！就像您钻进了厕所的便桶，从那里向上张望，恰好看见一个上厕所的人的躯体的某一部分。这就是您的立场，您的艺术。"后来，赫鲁晓夫死后，涅伊兹韦斯内接受赫氏家族的请求雕制了他的墓碑。在莫斯科新圣母公墓中，赫鲁晓夫的墓碑独树一帜，十分醒目。半块黑色大理石和半块白色大理石镶成一个对比鲜明的框架，正是墓主人的头像。涅伊兹韦斯内说："死者曾当众侮辱我，使我在几年内心情郁闷。但我还是决定为他立碑，因为他值得我这么做。"

【明联智慧】

　　一块黑白相间的墓碑，镶嵌着历史的评价，也镶嵌一个艺术家的良心和忘我境界，也算是雕塑家将赫鲁晓夫幽默了一把，反映出涅伊兹韦斯内的真诚达观，这样的人生境界，不能走一条捷径，更不是一朝一夕能练就的，而要在风风雨雨中默默磨炼。由此可见，幽默是对人生的一种顿悟。只有成为对人生顿悟的人，才能够使自己心灵从欲望的桎梏中解脱，从而踏上潇洒快乐的人生之旅。

以幽默读写生活艺术

【幽默故事】

　　有一年，刘罗锅陪同乾隆皇帝下江南。船行至扬州，忽见一美貌女子在桥下洗衣。乾隆被女子的婀娜多姿所吸引，目不转睛地盯着看。船已行至很远，乾隆还频频回头张望。

　　刘罗锅在一旁暗自发笑。他问道："请问皇上，您可知道天地间什么力量最大？"

　　乾隆说："水。水能载舟，亦能覆舟。"

　　刘罗锅听罢直摇头。

　　乾隆反问道："那你说什么力量最大？"

　　刘罗锅神秘地答道："女人。女人能把龙颈扭弯。"

　　乾隆听后哈哈大笑。

【明联智慧】

　　幽默是生活艺术的极品。幽默的特性在于给人带来欢乐或以愉快的方式娱人。它的特色在于它的影响力或者说穿透力。与其说幽默的内涵丰富，具有无穷魅力，还不如直截了当地说生活本身就具有无穷无尽的丰富内涵。幽默不过是将生活艺术化，在协调的事物中找出不协调的因素来，敏锐地发现平常事物中的怪诞，并用十分自然的口吻说出来而已。

　　幽默能带给人们乐趣，让人们变得轻松愉悦起来；幽默给人们以哲理和启迪，让人们了解人生的真谛；幽默能给人们无穷的勇气和力量，让人们在风雨人生路上跨过一个个障碍。懂得了如何收集、开发、运用幽默的资源，就知道了如何面对纷繁复杂的人生。有生活经验的人都会认识到以幽默面对人生困难的重要性。

以幽默催化快乐情调

【幽默故事】

　　一次选举会上，一个人获得了胜利，荣任高职，有人祝贺他时，他回答说："无论如何，巴西足球在上周赢得的那场球赛更值得祝贺。"

【职职智慧】

　　幽默地对待自己，对自身的优点和荣誉一笑置之。这样会让你得到许多理解。事例中的他轻描淡写地对待自己的荣升，以他的谦虚来赢得别人尊敬，改善了自己的形象，当然也就更容易进一步和别人接近。一个具有幽默感的人，都有一种出类拔萃的人格，能感受到自己的力量，独自应付任何困苦的窘境。同时，幽默也是一种难得的智慧，它能使赞扬、批评、指正、提醒都变得充满妙趣，催化生活中的每天每时的快乐情调。

以幽默调节生活趣味

【幽默故事】

　　一天，喜剧演员卡洛·柏妮在餐厅里用餐。这时，一位老妇人走向她的餐桌，用手摸了摸卡洛的脸庞，然后说："对不起，我摸不出你有多好。"

　　"是的。"卡洛说，"我自己也觉得没有多好看。"

　　老妇人又仔细端详了一下卡洛的五官，说道："的确，是没有多好看。"

　　卡洛随即笑了起来，说："这样又摸又看的，好看的也变得不好看了。"

餐馆里的人不由都笑了起来。

【明联智慧】

卡洛的神色自若是来自心理上的平衡。如果人们想让自己的生命充满快乐，就要把恰当的幽默带到日常生活中去。具有幽默感的人，生活中充满了情趣，许多看来令人痛苦烦恼的事，他们却应付得轻松自如，从而使生命重新变得趣味盎然。

懂幽默的人懂得如何给生活添加作料，受到不公平待遇也会泰然处之，即使心情郁闷，也能通过开玩笑的方式缓解情绪并带给别人快乐。这种人热爱生活，大智若愚，充满了人格魅力，现实生活中会得到众多朋友的喜爱，也使自己的生命总是趣味盎然。

以幽默走向成功人生

【幽默故事】

在卡普尔担任美国电话公共公司的最高行政主管期间，有一次他主持股东会议，会中大家情绪异常激昂。会议中的紧张气氛随着大家对卡普尔的质问、批评和抱怨而不断升级。

其中有一位女士认为公司应该多一些慈善事业方面的捐赠，她说："公司在去年一年中，用于慈善事业方面有多少钱？"语气中夹杂着尖锐的挑战性。

卡普尔说："有几百万美元。"

那位女士听后，说道："我想我快要晕倒了。"

卡普尔面不改色地说："那样更好些。"

此言一出，会场中紧张的气氛随着大多数股东，包括他的挑战者们的笑声，终于得到了缓解。

【明联智慧】

卡普尔将对方充满敌意的语言，转变为幽默的力量，表现了他的人性，也解除了大家焦虑的心情。因为他的幽默向众人传达了这样的信息：这个企业重视人性的需要。不论你从事的是什么行业，也不论你处于什么样的职位，幽默都能为你的工作增色不少。它不仅能让你含蓄而豁达地表现自己，更能在与他人交往和沟通方面助你一臂之力。在你的工作中，幽默能够造成一股力量去了解、影响并激励他人，同时也造成一股力量去了解并接受自己，并助你在成功的路上走得更加顺利。

以幽默留下良好印象

【幽默故事】

蔡元培70岁生日，在国际饭店设宴，上海各界人士专程前来为他祝寿，很多人都是蔡元培第一次见到。

于是，在致辞答谢的时候，蔡元培幽默风趣地说："诸位来为我祝寿，总不外要我多做几年事。我活到了70岁，就觉得过去69年都做错了。要我再活几年，无非要我再做几年错事喽。"

宾客一听，哄堂大笑，整个宴会充满了欢声笑语。

【明晰智慧】

蔡元培的幽默使得新朋旧友都避免了拘谨和尴尬，假如摆出一丝不苟的严谨态度，一本正经地致答谢辞，相信第一次来参加蔡元培寿宴的人就不会这样轻松愉悦了。第一印象是所有人际交往的开始，它直接关系到日后人际交往的走向。而幽默的人往往容易给人留下良好的第一印象，也容易引起别人的交往热情。可见，幽默确实是融洽关系和树立良好第一印象的好方法，它是一种十分有效和讨巧的艺术。

以幽默消除彼此距离

【幽默故事】

克林顿的萨克斯管吹得好，但一直没有展示的机会。一次，克林顿在CNN发表竞选演说时，他说："有人问我除了会吹牛之外，还会吹什么？"克林顿边说边胸有成竹拿出藏在身后的萨克斯管，"今天我要让大家知道，我还会吹这个。"

随后，克林顿拿出了看家本领，一气吹了好几首名曲，他的才艺展示和他的幽默话语，一起帮助他拉近了与选民的距离，颇得选民好感。

【明晰智慧】

与人交流的时候，多用一些幽默的语言，不仅可以消除人与人之间的距离感，还能达到人我交融的美好境界。许多政治家、教育家、艺术家、谈判家都知道，如果把幽默感的神奇力量注入潜意识之中，就可以使自己更容易使人亲近，更富有人情味。幽默能够迅速消除人与人之间的陌生感，并为幽默者增添魅力。幽默也能拉近人与人之间的感情距离，因为一起笑的人表明他们之间已经有了共同的兴趣、爱好，这是社交成功的第一步，也是很重要的一步。

以幽默共鸣彼此心声

【幽默故事】

汪伦对李白十分仰慕，于是，他给李白写了一封信，邀李白前来游玩。信中这样写道："先生好游乎？此地有十里桃花。先生好饮乎？此地有万家酒店。"

李白接到信后，一看既有美酒，又有美景，甚是高兴，欣然前往。见面之后，李白问道："不知汪兄信中所说的十里桃花和万家酒家所在何处？"

汪伦答道："离此十里之外有个桃花潭，此乃'十里桃花'。在桃花潭西侧有户姓万的人家开的酒店，乃是'万家酒店'。"

李白被汪伦的幽默逗得大笑，觉得十分有趣，就在那里住了下来，待到数月之后，李白决定离去之时，两人已成知己。李白感念汪伦的盛情，写下了脍炙人口的《赠汪伦》一诗。

【明晰智慧】

巧妙地运用幽默，可以使交流变得更加融洽，让人心情放松，产生心灵上的共鸣。用幽默的方式和态度对待他人，能填平双方之间的鸿沟，让彼此之间走得更近，也更容易得到一种共识与默契。同那些富有幽默感的人交谈，比任何山珍海味、陈年美酒都令人回味无穷，也比欣赏任何一曲动人的乐章和舞剧更让人感到愉悦。

以幽默调节人际关系

【幽默故事】

杰克逊来到某游览地的一家旅店，要求给他开个房间。

"请问，你提前预订了吗？"接待员问。

"预定？没有。"杰克逊回答说："我每年这个时候都到这儿来，已经10年了。我从来不用预订房间。"

"对不起，"接待员说，"今天确实是全满了。如果你没有预订的话，我们没法给你安排房间。"

"听着！"杰克逊说，"假如有人告诉你，说今天晚上总统要来这儿，我敢打赌，你一定会痛痛快快地拿出一个房间来。"

"那当然了，因为他是……"接待员解释。

杰克逊打断他的话说："好了，我告诉你：今晚总统不来了，你把房间给我好了。"

【幽默智慧】

当我们需要把别人的态度从否定改变到肯定时，幽默力量具有说服效果，它几乎是一种有效的特殊处方。而有的人却认为幽默只是一种轻浮，于是他们总是重复着死板的生活。不懂得幽默，也就从来不会实现精神上的超越。当然，交际中的幽默一定要用在恰当的地方。如果把幽默当成是攻击、讽刺、伤害他人的武器，那么只会让你的人际关系变得越来越糟。这样的你，就会成为别人眼中的一个十分刻薄、可怕的人，而且会让人觉得十分讨厌。

以幽默平息双方冲突

【幽默故事】

一家饭店的卫生不合格，顾客在用餐时经常发生不愉快的现象。一次，一位顾客在吃饭时，在碗里发现了一根头发，于是把服务员叫来，问道："你们餐厅是不是换新厨师了？"

服务员很诧异："你怎么知道的？"

顾客："当然知道啦，平日的汤里总有一根白头发，今天的碗里是根黑头发。"

服务员灵机一动，脱口而出："先生，您说的可能是以前的情况，可是现在我们的厨师是一位秃子。"

【幽默智慧】

这位顾客非常聪明地发挥了他的幽默，既向对方委婉地表达了自己对该餐厅饭菜卫生的意见，又给对方留了面子，使他们不至于恼羞成怒。而更绝的是该餐厅的服务员，又用幽默成功地帮助他走出了尴尬。在一片欢笑声中避免一场口舌干戈。服务生和顾客双方都用幽默的表达方式，委婉地指出双方存在的分歧，从而避免了冲突的发生。幽默是一种高级的智力活动，它能化解对方心中的怒火，让尴尬的气氛恢复融洽。

第三章　运用幽默技巧

花儿之所以显得分外红艳，那是因为绿叶的衬托。幽默也是一样，要变得口吐莲花，就不能忽视了它的技巧。它能让你的幽默显得睿智而且韧劲十足。幽默是一门拥有很多技巧的吾言艺术。只有适当的内容，搭配精妙的方法，才能在幽默的保驾护航之下，顺利到达成功彼岸。

机智聪明的幽默

【幽默故事】

英国作家狄更斯爱钓鱼。有一次，他正在一条河里钓鱼。

一个陌生人走到他跟前问："先生，您在钓鱼?"

"是啊，"狄更斯毫不迟疑地回答，"今天钓了半天了，也没一条鱼上钩，可是在昨天，也是在这个地方，我却钓到了15条鱼!"

"是吗?"陌生人问，"那你知道我是谁吗? 我是这条河的管理人员，这段河面上是严禁钓鱼的!"说着，那陌生人从口袋里掏出一本发票簿，要记下眼前这个垂钓者的名字并罚款。

见此情景，狄更斯连忙反问："那么，你知道我是谁吗?"

当陌生人惊讶之际，狄更斯直言不讳地说："我是作家狄更斯。你不能罚我的款，因为虚构故事是我的职业。"

狄更斯在这里用变而又变的幽默手法，表现出了非凡的灵敏和机智。

【明眸智慧】

幽默是一种生活艺术，是一种气质，是一种智慧的表现。幽默从机智出发，赋予机智以新的动力，同时也对幽默自身的意念、态度和手法产生影响。当机智在幽默中以其理性姿态出现时，则构成了机智性幽默这一新生物。

偷换概念的幽默

【幽默故事】

老师："今天我们来温习昨天教的减法。比如说，如果你哥哥有五个苹果，你从他那儿拿走三个，结果怎样?"

孩子："结果吗，结果他肯定会揍我一顿。"

【明眸智慧】

从数学科学的角度来看，孩子的这种回答是十分愚蠢的，因为老师问的"结果怎样"很明显是"苹果还剩下多少"的意思，属于数量关系的范畴，可是孩子却把它转移到未经哥哥允许拿走了他的苹果的生活逻辑关系上去。不过，恰恰是因为偷换了概念才使这段对话产生了一种幽默的效果。"偷换概念"之所以能造成幽默效果，是因为幽默的思维主要不是实用型的、理智型的，而是情感型的。因此，对于一般性思维来说是破坏性的东西，对于幽默来说则可能是建设性的。

故作敌意的幽默

【幽默故事】

公司里的职员有时开玩笑说到太太们的奢侈。一个说："就算皮包里层是捕蝇纸做的，我太太的钱也不可能留在皮包里。"另一个说："我太太她承认她喜欢花钱，但是叫我不要用'奢侈'这个字眼来说她，另找个新词好了。"

【明职智慧】

这类幽默从表面上看来似乎是很损人。但是我们从另一个角度来看，这些职员其实都很爱自己的太太，并且以她们为荣。他们实际上表达的意思是自己的太太比别的妇女穿着更好，更具魅力。他们以太太的奢侈为幽默的素材来表示对太太的爱和以她为荣，并且以此代替直白的夸耀。

故作敌意幽默的效果在于使他人能集中注意力听自己说话，记住自己所说的，并且也能使谈话活泼进行，便于意见的表达。不过，运用故作敌意幽默一定要谨慎。有时候，我们需要用到一些理智的思考，但还是很容易流于残忍和刻薄。而且更有甚者，故作敌意幽默表面所带有的轻微的侮辱也极易刺伤他人的心，使人陷入焦虑之中。

正话反说的幽默

【幽默故事】

有一则宣传戒烟的公益广告，上面完全没提到吸烟的害处，相反的却列举了吸烟的四大好处：一、节省布料，因为吸烟易患肺痨，导致驼背，身体萎缩，所以做衣服就不用那么多布料；二、可以防贼，抽烟的人常患气管炎，通宵咳嗽不止，贼人以为主人未睡，便不敢行窃；三、可防蚊虫，浓烈的烟雾熏得蚊虫受不了，只得远远地避开；四、永葆青春，不等年老便可去世。

【明联智慧】

这里说的吸烟的四大好处，实际上是吸烟的害处，却正话反说，显得很幽默，让人们从笑声中悟出其真正要说明的道理，即吸烟危害健康。说出来的话，所表达的意思与字面完全相反，就叫正话反说。如字面上肯定，而意义上否定；或字面上否定，而意义上肯定。这也是产生幽默感的有效方法之一。使用这种方法能够在不直接指明对方错误的基础上，使他们自我反省并认识自己的错误。

故作糊涂的幽默

【幽默故事】

一次，拍完电影，演员们都去浴室洗澡了。这时有人给女主角打来紧急电话，女导演慌忙去叫。

片场的三间浴室是给明星专用的，一进门是更衣室，里面才是浴室，如果人在里面洗澡，外面叫是听不到的。

导演不知道女主角在哪间浴室，情急之下推开了第一间浴室的门，哪知道却看到男主角光着身子对着门站在喷头下冲洗。

男主角的动作停顿了一下，女导演急忙转身，并赶紧把门关上。

"哦，对不起，李萍小姐！"

导演立即喊出了另一位女明星的名字，室内的男主角也粲然一笑。

这位女导演故意以假装看错了人的糊涂做法，既不使男主角感到难堪，更使自己摆脱了尴尬。

【明联智慧】

幽默感的缺乏，很多时候是因为我们已经习惯于直截了当地就事论事，而实际上，如果在出现问题的时候直接向他人道歉或对他人进行反驳，只会使自己更加难堪，适当地装装糊涂，幽默一下，反而能够巧妙地解决问题。假装糊涂的妙处就在于对真、善、虚、实的灵活运用。有时候尽管自己很清楚，还是装作糊涂来迷惑对方。智慧有时就隐藏在假装糊涂的幽默中。在一些特殊的场合，我们常常会碰到一些意想不到的事情，处理不好着实使人尴尬万分。遇到这类情况时，想要化解难堪，不妨假装糊涂，幽默应变。

自吹自擂的幽默

【幽默故事】

有一个美国人和英国人在一起互相吹牛。

美国人说："我们美国人很聪明，发明了一种制造香肠的机器！这种机器真是神奇，只要把一头猪挂在机器的一边，然后转动机器的把手，那么，香肠就可以自动地从机器的另一边一条一条地转出来！"

英国人一听，不屑地说："这有什么了不起？这种做香肠的机器我们早就有了！你们美国人真是少见多怪！我们早就把这种机器改造得更加神奇了！"

"怎么神奇？"美国人问。

"我们新的制作香肠的机器，只要做出来的香肠不符合我们的口味，我们就可以把香肠放在机器的一边，然后倒转一下机器的把手，那么，机器的另外一边，就会跑出原来的那一头猪。"

【明联智慧】

上面故事中，美国人的话虽然也十分夸张，但英国人的话比美国人的话更能产生幽默效果，这是因为英国人的话带有更加明显的荒谬性，从而使整段话起了质的变化，幽默也就展现出来了。很多幽默的成功，都在于对关键的地方，用语言进行恰到好处的夸张。自吹自擂是夸大其词的一种，夸大其词就是用荒谬夸张的话来表达幽默，使人倍觉趣味。夸张之所以能造成幽默效果，是因为这些话题与内容经过夸大之后，变得不合常理，大大出人意料，从而造成幽默效果。

巧设连环的幽默

【幽默故事】

一考生骑驴赴京赶考。路上问一个喂牲口的老汉："嗳，老头儿！这儿离京城还有多远？"

老汉看他穿戴得倒是挺排场，就是问路不下驴，说话没礼貌。老汉心里想：这算什么书生！老汉本来不想理他，可又想教训他一下，就答道："京城离这儿180亩。"

书生感到好笑："喂牲口的！路程都讲'里'，哪有论'亩'的？"

老汉冷笑道："我们老辈子的人都讲里（礼），现在的后生娃没有教养，不讲里（礼）！"

书生脸一沉，说："你这个老东西，怎么拐着弯骂人呢？"

老汉说："喂牲口的老东西本来不会骂人。只是今天心里不痛快，我养的一头母驴，它不生驴仔，偏偏生下了个牛犊。"

书生不明白老汉的意思："你这个人真是稀里糊涂的，生来就该喂牲口。天下的驴子哪有下牛犊的道理？"

老汉还是耐心指教书生说："是呀，这畜生真不懂道理，谁晓得它为啥不肯下驴咧。"

书生听出了话里的意思，面红耳赤，没有作答就扬鞭绝尘而去。

【明联智慧】

幽默的表达是含有内涵的。故事中的老汉，通过曲折的暗示故弄玄虚，吸引对方思绪，诱使对方上当，是请君入瓮法运用的典范。将一种计谋用在幽默上，它就发展成为一种富有意味的幽默技巧，或者说是语言技巧。它的突出特点就是：用故弄玄虚的连续的问或答，使对方一步步进入自己的话语迷宫，营造出一种幽默的氛围，同时使他人开窍。

在日常生活中，这种艺术使幽默更加显露出它固有的机智与思辨色彩。由于这个原因，在生活中的舌战场合，这种巧设圈套的幽默技巧也被广泛地应用。

画龙点睛的幽默

【幽默故事】

"能告诉我，你为什么要从手术室跑出来吗？"医院负责人问一个万分紧张的病人。

"那位护士说：'勇敢点，阑尾炎手术其实很简单！'……"

"难道这句话说得不对吗？她是在安慰你呀。"负责人笑着对病人说。

"啊，不，这句话是对那个准备给我动手术的大夫说的！"

【明眸智慧】

病人幽默地画龙点睛，鲜明地表达出自己对医生手术水平的怀疑。本来一个不容易启口的事情，被他用三言两语幽默含蓄地表达清楚了。语言不是万能的，不过有时候一句话却能够在适当的场合发挥出千言万语都不能达到的作用，这也就是"以不变应万变"的思想在语言领域里的具体应用。

语言是交流的工具，它能表达人们的思想和情感。同一个意思，长短不同的句子具有不同的表达效果。一般书面语中用长句子的时候较多，因为书面语讲求逻辑严密。但是在日常生活中，为了表达和接受的方便，我们则较多使用短句表达我们的想法。

情调高雅的幽默

【幽默故事】

美国著名小说家马克·吐温也善于使用言语幽默。

有一次他到一个小城市去，临行前别人告诉他，那里的蚊子很厉害。到了那里以后，当他正在旅馆登记房间时，有一只蚊子在他面前来回盘旋，店主正在尴尬之时，马克·吐温却满不在乎地说："你们这里的蚊子比传说的还要聪明，它竟会预先看好我的房间号码，以便夜晚光顾。"大家听了不禁哈哈大笑。于是全体职员出动，想方设法不让这位作家被那预先看房间号码的蚊子叮咬。

【明眸智慧】

言语幽默虽包含着引人发笑的成分，但它绝不是油腔滑调地故弄玄虚或矫揉造作地插科打诨。有幽默感的人，大都有较高的文化水平和良好的品德修养，而一个不学无术的人则往往只会说一些浅薄、低级的笑话。情调高雅的言语幽默总是于诙谐的言语中蕴含着真理，体现着一种真善美的艺术美。因而，言语幽默必须是情调高雅的。幽默在交谈中有重要的意义。真正的言语幽默，必定是以健康高雅的话语、轻松愉快的形式和情绪去揭示深刻、严肃、抽象的道理，使情趣与哲理达到和谐统一。

乐观健康的幽默

【幽默故事】

铁血首相俾斯麦有一次和一名法官相约去打猎，两人在寻找动物时，突然从草丛中跑出一只白兔。

"那只白兔已被宣判死刑了。"

法官好像很自信地这么说了以后，便举起猎枪，可是并没有打中，白兔跳着逃走了。看到这种情形的俾斯麦，当即大笑着对法官说：

"它对你的判决好像不太服气，已经跑到最高法院去上诉了。"

【明眸智慧】

言语幽默多是三言两语，轻描淡写的。它既不像戏剧那样有激烈的矛盾冲突，又不像小说那样有完整结构的故事情节，但是它的确具有一种特殊的穿透力和一种高雅的情调，具有乐观健康的特点。

言语幽默最能体现受人欢迎的"趣"、"隐"等言谈的风采。它在深层的变化渊源与内核上赋予平常的言谈以力透纸背、意蕴深长的力量，并从色彩和情调上给人着迷的缤纷和欢悦。言谈明显具有雅俗之别、优劣之分，言谈优雅者也往往是言谈幽默者。谈吐隽永每每使人心中一亮，恍如流星划过暗夜的太空，光华只在瞬间闪耀，美丽却在心中存留。

巧意模仿的幽默

【幽默故事】

模仿愚人说话能产生幽默。当年，适逢齐鲁大学校庆，山东军阀韩复榘在演讲台上扯出下面这么一大段信口雌黄、狗屁不通的"笑话"。

"诸位，各位，在齐位：今天是什么天气？今天是讲演的天气。开会的来齐了没有？看样子大概有五分之八啦，没来的举手吧！没人举手？很好，都到齐了。你们来得很茂盛，鄙人也实在是感冒……今天兄弟召集大家来训话，兄弟有说得不对的地方，大家应该互相谅解，因为兄弟和大家比不了。你们都是文化人，都是大学生、中学生和留洋生。你们这些乌合之众是科学化的、化学化的，都懂七八国的英文，兄弟我是大老粗，连中国的英文也不懂……你们是从笔筒子里钻出来的，兄弟我是从炮筒子里钻出来的，今天到这里讲话，真使我蓬荜生辉，感恩戴德。其实我没有资格给你们讲话，讲起来就像……就像……对了，就像对牛弹琴。"

【明眸智慧】

大多数人都有一些不好的语言习惯，比如走路时不停地自言自语，讲话时带有口头禅，说话语调阴阳怪气等等。这些语言上的坏习惯经常出现，身旁的人也就习以为常，见怪不怪。但如果有人突发奇想，对他人语言上的一些坏习惯进行模仿，使这些坏习惯忽然离开了他的主体，出现在模仿者身上，那么这些坏习惯就会令人感到可笑了。他人语言上的坏习惯是我们用来制造幽默的好材料。

谐音双关的幽默

【幽默故事】

在北宋时，有一个不学无术的秀才喜爱卖弄文采。一日，他去拜访著名的文学家欧阳修。走到半路正好碰见了欧阳修，欧阳修问他去哪里，他面带得意地说了原因。欧阳修笑笑，也不说破，故意打趣说："我也要去拜访他，咱们一起走吧！"于是两人结伴而行。走到一条河边，一群鸭子吓得纷纷跳下水去。

秀才见此景诗兴大发，忍不住吟道："一群鸭仔婆，一同跳下河……"

欧阳修见他摇头晃脑的酸劲，顺口接："白毛浮绿水，红掌拨清波。"

二人刚上船，秀才又诗兴大作，禁不住吟道："二人同乘舟，去访欧阳修……"

欧阳修语带双关地讥讽道："修已知道你，你还不知修（羞）！"

秀才没有醒悟，连声赞道："妙，佳句！"

【明眸智慧】

在这个例子里，"修"与"羞"便是谐音型的双关语。"羞"是"修"的谐音，欧阳修借用双关，把自己的意思表达得婉转而又幽默，微妙而又含蓄，让人窥视出大文豪的机智与修养。

在现实的生活境中，怎样才能掌握好这一技巧呢？其实，我们身边就有许多机会可以运用这一幽默的技巧。恰当地运用双关手法，可以达到事半功倍的效果。一方面可使语言活泼幽默，另一方面，谐音双关语的运用也能适应某种特殊语境的需要，缓解紧张的气氛。

异常停顿的幽默

【幽默故事】

甲：你少废话，我这处长不是为你当，我一天忙到晚，为什么？还不是就为自己……

乙：怎么着？

甲：机关这些同志们。我具体管房，不讲原则……

乙：嗯？

甲：……是不行的。别的我不管，我就看你的礼……

乙：啊！

甲：理由充分不充分，最好你拿酒……

乙：什么？

甲：九口人的证明来。

【明眸智慧】

这种口语上的停顿，实质上就是对思维惯性的利用。停顿前说的部分，常常是给对方一个思考方向的暗示；停顿后说的部分，则是语意的突然逆转，让人产生某种突兀感。停顿异常会造成悬念，引起听众的好奇和注意，在听众急于知道下文的时候，讲话人会从节奏的变化中创造出幽默的语言艺术。这种艺术手法也在相声、小品、演讲等形式中广泛应用。

形褒实贬的幽默

【幽默故事】

一位年轻人和朋友到公园游玩，看到有人骑马，觉得很有意思，也租了一匹马来骑。可骑上不久，他就发现这匹马并不好对付，显然还未被完全驯化。果然，在经过一道篱笆时，这匹马突然发脾气将他摔了出去。在归还马匹时，朋友问他骑得如何，他看了一下站在一旁的马的主人，似笑非笑地说："还不错，就是这匹马被主人驯化得太客气、太懂礼貌了，一看到有篱笆，它就让我先过去了。"

【明眸智慧】

被马摔下来，确实是件不幸的事，生气也是在所难免的。但是这位年轻人不但没有怪罪马主人把尚未驯化好的马给自己骑，反倒说这匹马被主人驯化得太懂礼貌了，听起来是在赞扬，实际上是在表示不满。生活当中，赞扬需要幽默。指责更需要幽默。幽默能使指责传达善意。如果双方发生了分歧，其中之一的当事人撇开严肃的态度以幽默的语言来暗示责备，而不至于伤害人，那么即是调侃式的、半宽容的幽默语言也能正确无误地表达出责备的意思，以达到不伤害人的目的和作用。

欲擒故纵的幽默

【幽默故事】

有的时候，面对别人的有意窥探，也可以用欲擒故纵的方式，好好戏耍对方一番。正如下面这个事例一样。

基辛格有一次去德黑兰做短暂停留。当晚，伊朗首相邀请他去看舞女帕莎的演出。演出结束后，基辛格饶有兴趣地和帕莎聊了很长时间。

第二天，有记者问基辛格：

"您喜欢那个舞女吗？"

"是的，她很迷人，"基辛格热情地说，"她对我的事情很感兴趣。"

"真的吗？"记者兴奋极了。

"那还有假？"基辛格认真地说，"我们还讨论了限制战略武器的问题，我费了很长时间才向她解释清楚怎样把SS－7导弹改装在u级潜艇上发射……"

记者还没听完就悻悻地走了。

【明眸智慧】

基辛格知道那位记者想打听点风流韵事，虽然不满，但他表面上还是故意迎合了对方的提问，于不知不觉中让记者上了圈套，实实在在地碰了一鼻子的灰。基辛格利用这种方法，既间接地表明了自己对对方提问的反感和拒绝回答的态度，又显示出自己的超高修养。

在欲擒故纵的方法中要注意，要"纵"得有技巧，有水平，不留任何痕迹。就像打埋伏，你必须隐蔽伪装得非常好，不露任何蛛丝马迹，敌人才可能不知不觉地进入你的包围圈。擒要"擒"在更高的角度，拔升更高的层次，与"纵"形成鲜明对比，差距越火，效果越佳，幽默意味更浓。

声东击西的幽默

【幽默故事】

斯克尔顿是位著名诗人。一次，他去赴宴，酒喝多了回不了寓所。于是，他住进了一家小客店。半夜，他渴得厉害，大喊伙计要水。但没人应他，他又喊自己的马夫，马夫也不在。"怎么办呢？这样下去可不行！"他灵机一动，大喊道："救火啊！救火啊！"顿时，全店乱成一团，所有的人都起来了。他继续喊，不一会儿马夫和伙计便拿着蜡烛冲了进来：

"火在哪里，怎么看不到呢？"

"在这，"斯克尔顿指着自己的喉咙，"火在这里面，快给我端水来，浇灭它！"

【明眸智慧】

声东击西的幽默技巧犹如虚晃一枪，这虚晃的一枪只是为了分散或者转移对方的注意力，让对方对自己的真实目标放松警惕，从而使自己能够顺利达到目的。这正是利用对方对外界事物的第一反应做文章，以自己意图之外的东西去吸引对方的注意力，让人防范或拒绝，再以实际的意图"攻"对方一个措手不及，产生幽默的效果。

声东击西的幽默技巧很有些"兵不厌诈"的意思。它利用人们的预期心理，"指"向"东"方，当人们顺着他"指"的方向看时，忽然又反打"西"方，这样在"东""西"间的一反一复中，不和谐的因素产生，幽默的效果也就显现了。

将错就错的幽默

【幽默故事】

在一家药店里，一位顾客气愤地对经理说："一星期前，我在这买的生发膏，我用了一点作用也没起，我要求退款。"

"为什么？"

"你说，'它可以与脱发做斗争的'，可是它根本不起作用。"

事实上，再好的生发膏也难以在一个星期内起作用，经理灵机一动，"您再试试看。我是说过，这种生发膏可用来与脱发做斗争，但并未说，它在一周内一定最终能取得胜利。"

顾客由愤怒突然转为大笑，经理见他情绪已经平静了下来，不失时机地向顾客再次阐明使用方法，请他回家再试一段时间，事情到此结束。

【明职智慧】

机智幽默地对答让经理取得了这次谈判的胜利。生活中，当遇到有人强词夺理时，你不妨也用将错就错的方法，"笑里藏刀"地给他狠狠的回击。有的时候，确实是自己犯了错误，改正可能来不及了，那就可以采取将错就错的办法，做个及时的补救。由于这种补救事出意外，比较突然，又没有充足的时间做详细的考量，所以需要机智的头脑和丰富的联想才能做到。

东拉西扯的幽默

【幽默故事】

岳父大人是势利眼，对有钱有势的大女婿、二女婿都另眼看待，对又穷又苦的三女婿也是"另眼看待"，不过这个另眼看待与对大女婿、二女婿的相反罢了。这天是岳父大人寿诞，自然三个女婿都到了。席间岳父大人提议，以"天上飞的，地下跑的，客厅摆的，厨房用的"为题，请三位贤婿各说一段，说得好的赏酒三杯。三女婿一想，明明岳父知道他客厅没摆的，厨房没用的，似乎是故意为难他。

依次大女婿先说："天上飞的是斑鸠，地下跑的是黄狗，客厅摆的是春秋，厨房用的是丫头。"

二女婿说："天上飞的是凤凰，地下跑的是绵羊，客厅摆的是文章，厨房用的是梅香。"

三女婿说："天上飞的是鸟枪，……"

这时老岳父一听"鸟枪"，不待三女婿说下去，便抢过去说："大女婿、二女婿说得很好，到了你就乱说——鸟枪是人用的，怎会在天上飞呢？你不会说就算了！"

三女婿说："岳父大人您别急，且听下文：天上飞的是鸟枪，打你的斑鸠和凤凰；地下跑的是老虎，吃你的黄狗和绵羊；客厅摆的是火炉，烧你的春秋和文章；厨房用的是小二，娶你的丫头和梅香。"

【明联智慧】

不得不佩服三女婿的机智！他把看似毫无关联的几种事物东拉西扯地放在一起，完全是没有按照常规出牌，但是看似不伦不类，却暗藏玄机，鸟枪、老虎、小二正好可以将另外两位女婿提到的物件通吃，大获全胜，进而让岳父刮目相看。

东拉西扯的幽默构成的基本原理很简单：就是故意违背形式逻辑的基本规律，把不同类别的诸种事物任意无序地组合在一起。幽默就是要出乎意料，而要出乎意料，就要突破正常思维、惯性思维，这样才能达到目的。由于人们在日常生活中习惯了按照正确而正常的逻辑思维、谈话，而当人们故意把互不相干的事物放在一起时，由于事物之间强烈的反差和反衬，使得对比更加明显，幽默的效果也就产生了，随之而来的还有滑稽、讽刺、调侃和诙谐。

偷换视角的幽默

【幽默故事】

有一次，戈尔巴乔夫为准时赶到会场，要求司机开快车。司机既担心他的安全，又怕违章，只好婉言谢绝。戈尔巴乔夫急了，命令司机与他调换位置，然后亲自驱车，疾驰如飞。很快，车就被交警拦住了，警官命令警士将违章者扣留。警士到车前查询了一下，然后向警官汇报说："警官，坐车的是一位要人，恐怕不好查办。"

警官很不满地问："那个人是谁？"

"我说不准，警官同志。不过，戈尔巴乔夫先生是他的司机。"警士面露难色地说道。

【明眸智慧】

警士的玩笑开得极具水准，如果直言是戈尔巴乔夫开车，那警官必定会很难堪，那与"难道您有胆量扣留戈尔巴乔夫的车吗"无异，而用这种转换角度的方式来说则显得非常风趣，松弛了两人的神经，活跃了气氛，相信警官对此事就不会再追究了。转换视角的关键在于打破常规，这是首要的条件，否则，很难做到突破常规，有所建树。

隐含判断的幽默

【幽默故事】

据说汉武帝晚年时很希望自己长生不老，一天，他向群臣问话："书上说，一个人鼻子下面的'人中'越长，命就越长；'人中'长能活百岁。不知是真是假？"东方朔听了这话，知道皇上又在做长生不老梦了，不禁失笑。见东方朔似有讥讽之意，面露不悦之色，喝道："你怎么敢笑话我？"

东方朔脱下帽子，恭恭敬敬地回答："我怎么敢笑话皇上呢？我是在笑彭祖的脸太难看了。"

汉武帝问："你为什么笑彭祖呢？"

东方朔说："据说彭祖活了八百岁，如果真像皇上刚才说的，'人中'就有八寸长，那么，他的脸不是有丈把长吗？"

汉武帝听了，哈哈大笑起来，并愉快地接受了东方朔的幽默见解。

【明眸智慧】

伴君如伴虎，稍有不慎，就可能因失言而深陷囹圄，甚至被诛灭九族。但是，东方朔却能很好地处理这些矛盾，在进谏的同时让皇帝无法怒火中烧，不愧是一个拥有大智慧的人。而他所利用的武器正是隐含判断的幽默技巧。幽默中的"隐含判断"技巧最能体现"给人留下回味的余地"这一特点。"隐含判断"技巧因其具有含蓄性，暗藏锋芒，表面观点和实际既有千丝万缕的联系，又有大跨度的差距，虚实对比之下往往会显得谐谑，所以能产生十分强烈的幽默感。

拐弯抹角的幽默

【幽默故事】

一个秀才说话喜欢拐弯抹角，一天，他骑着马到朋友家讨酒喝，朋友说："我有一斗酒，可惜没有下酒菜。"

秀才说："这好办，就把我的马杀来煮着吃吧！"

朋友很惊异地说："那你骑什么回去呢？"

秀才随即指着院子中的鸡说："我骑着它回去好了。"

朋友恍然大悟，不觉失笑。他想故意再难为一下秀才，说："鸡可以杀来下酒，就是没有柴煮好它。"

秀才说："这还不容易，把我的衣衫脱去煮吧！"

朋友笑着问："那你穿什么呢？"

秀才指着门前的篱笆说："穿它。"

【明联智慧】

秀才就是利用拐弯抹角的办法把自己想以鸡下酒的念头以幽默的方式明确地表达出来。他的意思谁都明白是要让朋友杀鸡款待他，不好直说，就用拐弯抹角的方法说出让人为之失声大笑的话，却是彼此心照不宣，而又有着十分动人的幽默力量。

拐弯抹角幽默术能起到指桑骂槐的作用。它特别适合于那种你心怀不满而不便明说的场合，有时候你又不得不说，只好把话题绕远，再向主题靠近，犹如剥笋一般一层一层地把笋壳去掉，最后才露出笋的本相一样，直到最后方表明自己真正的意思。因为绕了一些圈子，说了一些题外话，别人对你所表露出来的反对或不满就不如你直接说那般难以接受，并且幽默也在其间充当了缓和剂，不至于让你和别人的矛盾激化。在笑声中，谁能再板起脸对异己分子加以回击呢？

生搬硬套的幽默

【幽默故事】

从前，有个张员外，很有学问，可是他的儿子张公子却非常愚笨，尤其和别人谈话时，常常闹出笑话。

一天，张公子的岳父——王员外来信，说要到张家拜访。这下可急坏了张员外，因为这天他应邀到东山和一位名僧下棋，不可失约。张员外的夫人又到女儿家，没回来。于是，他决定预先交给儿子一套对口答，以便迎接亲家来临。

问："你家门前的狮子是哪位石匠雕刻的?"

答："小畜生何劳询问。"

问："令尊（指父亲）何往?"

答："上山与名僧下棋去了。"

问："何时归来?"

答："早则日暮，迟则与僧同宿。"

问："壁上所挂何画?"

答："唐朝古画。"

问："案上所置何物?"

答："传家之宝，一代一个。"

张公子把父亲所教的对口答，依次背得滚瓜烂熟。那天，王员外真的来了，二人谈起话来。

王问："令尊大人呢?"

张答："小畜生何劳询问。"

王问："令堂（指母亲）大人呢?"

张答："上山与名僧下棋去了。"

王问："什么时候回来?"

张答："早则日暮，迟则与僧同宿。"

王说："你讲的是什么话?"

张答："唐朝古画。"

王说："真是可笑之极，你简直是个活宝。"

张说："传家之宝，一代一个!"

【明眸智慧】

多么可笑的人，即使背得滚瓜烂熟，即使可以做到对答如流，但是不懂得灵活运用，再好的说辞也等于白说，相反还会让人觉得可笑。生搬硬套的幽默技巧在一些曲艺作品中常用到，而且效果绝佳。

柏格森在他的《论笑》一书中指出，滑稽是"镶嵌在活东西上机械的东西"。在瞬息万变的生活中，突然插进一个机械死板的表现当然好笑。在卓别林表演的喜剧中，利用人物的机械僵化表现出的笑话，俯拾即是。特别需要注意的是，尽管生搬硬套、机械模仿也能展现幽默的魅力，但是一定要慎重使用，否则很容易给人留下的是可笑而不是幽默。

以牙还牙的幽默

【幽默故事】

王羲之在某地做官时，有一天，一个年轻人来告状。年轻人说，因家贫，父亲死前曾向某乡绅要了一块荒地来埋自己，乡绅答应了并讲明只要"一壶酒"的酬谢。老人死后，年轻人拿一壶酒去感谢时，乡绅却说是"一湖酒"。年轻人有口难辩！

王羲之听后，问年轻人："你说的可是实情？"

年轻人说："不敢有半句瞎话。"

第二天，王羲之悠闲地到了乡绅那里。乡绅对他仰慕已久，很想求其墨宝。王羲之并不推辞，提笔写了一幅书法送与乡绅。

当乡绅问送点什么礼品时，王羲之说："只要一活鹅。"

当乡绅送给他一活鹅时，王羲之把脸一沉："我说的是一河鹅。"

乡绅辩解道："鹅是以只计数，不是以河计数的呀？"

王反问道："既然如此，难道酒是用湖来计数的吗？"

乡绅恍然大悟，从此再也不敢向年轻人讨酒了。

【明眸智慧】

乡绅的"牙"，就是利用了同音字，偷换了概念，把"一壶酒"变成了"一湖酒"，明显是仗势欺人。王羲之深知这一点，于是，他胸有成竹地去乡绅家给年轻人讨个公道。以牙还牙幽默技巧，是指运用对方所使用的手段，反过来加之于对方身上，让对方无计可施，从而达到自己的目的，这种令对方自食其果的情形通常能诱发幽默。以牙还牙幽默技巧首先要抓住对方的"牙"，也就是对方施行的技巧和办法，然后依葫芦画瓢，准确地还击回去，这样才能显得有力。这"牙"越集中，越典型，起到的作用才越明显，幽默味才越浓。

巧用比喻的幽默

【幽默故事】

范缜生活在南朝齐梁时期，他能言善辩。当时佛教盛行，而他以其"灭神论"与迷信公开对立。有一次，竟陵王萧子良为了打击范缜，请了许多名人高僧来摆阵挑战，辩论会上萧子良首先出击："范先生不相信因果报应，那么人世间为什么会有富贵贫贱的差异？"

按照萧子良的预谋，在众多权势者的威逼下，范缜是不敢也无法否认命运的。只要打开这一理论缺口，便可以进一步瓦解范缜《神灭论》的理论思想体系。却没想到范缜并不慌张，对他提出的问题，并未给予针锋相对的正面回答，而是从容不迫地打了一个比喻："人好比我们头顶这棵树上开出来的花，一阵风吹来，有的飘落在锦毯上，有的掉进了泥坑里。王爷就如同落在锦毯上的花，而我就如同掉进了泥坑里的花。"

【明眸智慧】

范缜以落花喻人的差异，幽默风趣，使萧子良无可挑剔，同时，也暗示了人本来都是一样的，由于社会的不公，才产生了地位的差异。话里蕴藏着对权贵者的极端蔑视，是一种软中带硬的反击。比喻是人们常用的一种修辞方法，比喻使用得妙，可以为文章、语言增色不少，可以使言谈话语既形象生动，又风趣幽默。运用比喻可以把人们感到陌生的东西变为熟悉的东西，把深奥抽象的道理表达得浅显具体，把平淡无奇的事物描绘得生动形象。大凡聪明的人都懂得使用说理生动的比喻手法，使深奥的道理变得通俗易懂、简单有趣，增加论辩的说服力，增强语言的幽默感和感染力，达到说理服人的目的。

因势顺推的幽默

【幽默故事】

抗美援朝时，一位外国记者采访我志愿军一位将领，将军批阅完文件，顺手把钢笔放在桌子上。外国记者看见桌子上放的是一支美国生产的"派克"钢笔，便故意问："请问将军阁下，你们堂堂的中国人，为什么还要用美国生产的钢笔呢？"

将军朗声笑着回答道："提起这支笔，那可说来话长，这不是支普通的笔，是一位朝鲜朋友抗美的战利品，作为礼物送给我的，我无功不受禄就想谢绝，哪知那位朋友说，留下做个纪念吧！我觉得有意义，便收下了这支美国生产的钢笔。"那记者听完后，一句话也说不出来。

【明联智慧】

将军针对外国记者企图讽刺、讥笑中国落后的意图，成功地巧借话题，出了这番幽默风趣而又有分量的话。将军用"战利品"、"做个纪念"和"觉得有意义"等词句暗示，这支笔正是中国人民强大的结果。因势顺推主要针对的是对方不善意的讽刺、嘲笑或者攻击。当遭遇这些时，你先不要急着反击对方，而是顺着对方的话说下去，把自己的反击包含在其中，在抖搂幽默的同时达到反击的目的，这样的效果更佳。在运用因势顺推的幽默方法时，关键在"顺"和"推"两个字上。首先要在别人的话语中发现着力点，可顺之物，或是形式，或是内容，把握其内在的精神，然后顺着这种内在的精神，"推"出与之有关又出乎对方意料的意思，幽默也就轻松产生了。

釜底抽薪的幽默

【幽默故事】

有个女大学生爱上了一个淘粪工人。为了说服父亲，她想出了一个主意，这一天，女儿对父亲说："我们话剧团有位女演员爱上了一个淘粪工人。"

父亲立刻来了精神："这可是条好新闻，我马上去采访。"

女儿道："你们记者就爱大惊小怪，连姑娘爱上小伙子也要采访！"

父亲说："像这样敢于冲破旧传统习惯势力，敢于追求爱情的好姑娘，应该好好宣传一下。"

女儿："爸爸我觉得您太伟大了，宣传就必不了，只要您同意就行了，这个女演员就是我。"

【明眼智慧】

聪明的女儿使用了请君入瓮的办法，先麻痹了父亲注意力，让对方解除思想上的防线，而后引导父亲进入自己设下的圈套，然后釜底抽薪，使对方不得不接受自己的意见，从而达到了巧妙说服的目的。试想，姑娘如果一开始就明确地说出自己的想法，必定难以取得胜利。

"釜底抽薪"幽默术就是一种将自己与对方共同接受的观点进行某种成分上或性质上的抽换代替，从而做到自圆其说，穷竭对方的幽默技巧。幽默的力量离不开语言，但光有语言还不够，一则深刻、含蓄的幽默往往是语言和逻辑推理共同组合的产物。釜底抽薪术是这种组合的典型技巧。

釜底抽薪幽默术的重点在于推理过程中将某一条件"抽"去，如果"抽"得巧妙，"抽"得准确，则可以立刻穷人以理，驳人以趣，相反，则会兴味全无，缺乏幽默感。在使用这种幽默技巧时，不但抽换要准确，而且还要能够做到自圆其说，这样才能达到预期的效果。

第四章 社交中的幽默

幽默是智慧的外在体现，是灵感与智慧在突然之间的闪现与迸发；幽默是一种交际手段，用委婉的方式润物细无声地深入到人心里，引起了人们的思考；幽默又是一门艺术，它就像一粒粒珍珠，撒落在人们心坎，给人以智慧的启迪和愉悦的享受。

幽默：应对隐蔽的好方法

【幽默故事】

下面是一则发生在主人和客人之间的小幽默：

主人问客人："在您的咖啡里放几羹匙白糖？"

客人开玩笑地说："在自己家里时放一羹匙，在别人家里做客时放四羹匙。"

主人忙说："呵呵！请别客气，您就像在自己家里一样好了。"

【明眸智慧】

隐蔽反击有两个要点：一是要隐蔽，二是要对等。隐蔽是说反击不能太直接和裸露。对等就是说如果对方的攻击是侮辱性的，则还击也是侮辱性的，只不过要注意以幽默的方式表达出来；如果对方的攻击是调笑性的，那么还击的语言就要是带有调笑性的幽默。

在生活中，人们有时候会受到别人冷嘲热讽的言语攻击，如果人们也以同样的方式回击对方就可能会使矛盾激化，从而一发不可收拾。如果人们在受到别人的言语攻击时，使用幽默来进行十分巧妙地应对和隐蔽的反击，就能收到很好的效果。当然，这并不是一件容易的事情，在听到对方攻击性的话语后，先来个故弄玄虚，然后话锋突然一转，回击对方，这样的幽默由于突然的回转就带上了戏剧色彩。

幽默：化解尴尬的良剂

【幽默故事】

公共汽车上，一位女乘客不停地打扰司机，汽车每行一小段，她就提醒司机一次她要在哪儿下车。司机一直很有耐心地听，直到她后来大叫道："我怎么知道我要下车的地方到了没有？"司机说："你什么时候看我脸上有了笑容，就是到了你要下车的地方了。"

【明联智慧】

由于女乘客的干扰，公共汽车司机有可能把工作做得糟糕，而同时司机对这位女乘客又不能直言冒犯。他巧妙采用委婉的幽默方式达到了自己的目的，运用幽默的力量使自己摆脱了两难的尴尬境地。

罗伯特·斯蒂文森曾经说过："一般掌握幽默力量的人，都有一种超群出众的人格，能自在地感受到自己的力量，独自应付任何困苦的窘境。"面对生活中的令人尴尬的事情，你不妨用幽默去应对和化解它。

幽默：为合作创造机会

【幽默故事】

中美恢复建交的谈判，是在 1972 年联合国恢复中华人民共和国的合法席位，中国的国际声誉和影响越来越大的背景下展开的，这是一场复杂而艰巨的谈判。

周恩来总理会见尼克松总统时，言简意赅地说："您从大洋彼岸伸出手来，和我握手，我们已经二十五年没有联系了。"

周总理的讲话机智、幽默、生动、亲切，给来北京的美国总统留下了深刻的印象。尼克松也形象地说："我们都是同一星球的乘客。"表明了中美建交有了共同基础。

【明联智慧】

由以上鲜明的对比，人们可以看出，要获得谈判的成功，首先就要用机智的言辞，给对方树立起一个良好的印象，这需要学习一些策略和方法。适度的幽默对建立良好的气氛有两大好处：让大家精神放松；进一步密切双边关系。这样就可以营造一个友好、轻松、诚挚、认真的合作氛围，对谈判双方来说，都是具有实质性意义的。在谈判就要结束时，正面肯定对方并表达谢意，不管双方是否最终达成谈判协议，都给对方留下好印象，为下次合作创造机会。

幽默：博得他人的同情

【幽默故事】

雷莉·布丝是美国50年代的著名演员。在一次重大的颁奖活动中，她急步登台，没想到在台阶上绊了一下，险些跌倒在地，全场观众都为她吃了一惊，有些人甚至笑了起来。只见她不慌不忙地稳住了身体，站在舞台中央，平静地说：

"女士们，先生们，你们刚才看到了，我是经历了什么样的坎坷才站到今天这个台上的。"

全场观众顿时掌声如潮。

【明眸智慧】

这就是令人赞叹的机智和幽默。这位女演员所要讲的内容，可能事先排练过数十遍，轻车熟路，而最后的这句台词却是从来没有想过的。这就是临场发挥幽默的困难之处，也是它的精彩迷人之处。幽默地面对生活，借着笑的分享，你就可以把琐细的问题摆在适当的位置，这有助于你轻松地获得他人的同情，也能使你重振精神。

所以，真正的幽默不仅是在严肃与趣味之间达到相宜的平衡，而要剥去虚假的"机智"，在爱与争取被爱的前提下去摆脱不健康的情绪，使人们的身心和周围的一切均衡地成长，从而得到更加广阔的人际交往圈。

幽默：宣示自我的方式

【幽默故事】

美国著名销售大师杰弗里·吉特默为他的猫制作了一张名片。每次推销的时候，他都会跟客户说："我的丽托猫有一张自己的名片。她是我的吉祥物。无论我要找哪份重要文件，总会发现她躺在上面，这很有趣。而我每次参加研讨会的时候，我总会散发它的名片。原因只是为了逗人一笑。但是，每个收到名片的人都会保留它，把它拿给别人看，并和别人谈论我。"

【职场智慧】

杰弗里·吉特默为他的小猫设计名片并到处分发，这是多么有趣的创举。如果有人给你一张这样的名片，你会怎么想？你会通过它而记住对方吗？很明显，通过这种方式，杰弗里·吉特默成功地推销了自己。所以，请记住名片是你的形象的代表，它应当有新意、有趣、吸引人。而在向别人推销自己时，如果言辞太过于自夸，在较含蓄的社会中还是不太容易被接受的。不过，同样是一句自夸的话，若是由具有幽默感的人来说，可能就比较不刺耳。自夸的话语之所以听起来很逆耳，是那些话语中经常带有夸张不实的描述，或许人们可以更肯定地说，自夸的话多少有些吹牛。可是，现在则是个自我推销的时代了。强鹰若是不张爪，可能将捕不到好猎物而终其一生。

幽默：最受欢迎的处事

【幽默故事】

乔治·英瑞是英国著名的诗人。有一天，在一个社交沙龙里，乔治·英瑞遇见了一位贵族子弟，这个人高声问道："对不起了，伟大的诗人，请问你的父亲是做什么工作的？"

"我的父亲是一名木匠。"诗人回答。

"噢，是位木匠，那他为什么没有把你培养成为一名木匠。"

"那么，请问阁下，你的父亲肯定是位绅士了？"乔治，英瑞微笑着反问他。

"当然，我的父亲是位真正的绅士！"这位贵族子弟趾高气扬地说，

"这就奇怪了，那他为什么没有把你培养成为一名真正的绅士呢？"乔治·英瑞疑惑地问。

乔治·英瑞将这位贵族子弟问得哑口无言，周围的人也对乔治·英瑞投去了赞许的目光。

【职场智慧】

如果乔治·英瑞反唇相讥，双方就可能发生矛盾，其结果只能是两败俱伤，最终会不欢而散，而乔治·英瑞运用幽默巧妙地把对方打来的球反击回去，使对方败下阵来。拥有良好的幽默与口才，能使许多志趣各异、性格有别

的人融洽相处，也能使你轻松地获得他人的认可。良好的幽默与口才对我们每个人的生活、事业乃至闲暇娱乐都起着至关重要的作用，在生活中，谈吐幽默的人，处处受人尊重和欢迎。

处世离不开幽默与口才，尴尬时，它能让你摆脱窘境；冲突时，它能够化解双方的矛盾。如果人们不善于运用这种力量，是人生的一种缺憾，也是处世的失败。

幽默：处世智慧的结晶

【幽默故事】

有个农夫无缘无故地被官兵抓进了监狱里。他的妻子来监狱探望时非常难过，因为种马铃薯的季节到了，自家的地却没人翻，眼看着这一年又没有收成。农夫思索了一会儿，小声地说："千万不要去翻地，地里埋着宝贵的东西，等我出去咱们就不用种地了。"

10天之后，农夫的妻子又来探望他，对他说："上次探望你之后，家中就出了件怪事，每天都有十几个人来到地里，把土地全翻遍了，比你在家时翻得还深，好像在找什么东西似的。"

农夫听完，微笑着对他的妻子说："既然有人给我们翻了地，那就可以种马铃薯了，明年的日子还要靠秋天的收成呢。"结果，在这一年的秋天，农夫家的马铃薯大丰收。

【明眸智慧】

一个人懂得了如何收集、开发、运用幽默与口才的智慧，就能从容地面对纷繁复杂的人生，解决处世中遇到的难题。幽默的语言使处世的气氛变得轻松、融洽，有利于双方感情的交流。通过幽默与口才，能让人们的处世环境变得更为轻松。幽默与口才几近于一种缓冲机制，它显然与对抗、失望、悲观无缘，是人们在处世中所不可缺少的东西，也是每一个处世高手所依据的处世准则。

幽默：拉近心灵的距离

【幽默故事】

欧阳修少年时代家贫如洗，他只得一边学习，一边出外谋生。一天，他来到襄阳城下，可是城门已经关闭。守卫对欧阳修说："只要你对得出我的对子上联，我就放你进城。"

欧阳修说："好吧！"

守卫说出了一个上联："开关早，关关迟，放过客过关。"

欧阳修笑着说："出对子容易，对对子难啊，请先生先对吧。"

守卫听了对他说："我是要你对的，你怎么不对呀？"

欧阳修笑着说："学生刚才已经对过了！"

守卫细想欧阳修刚才的话，恍然大悟，连声喝彩，立即下城楼开了城门。这位守卫被欧阳修的文采和幽默深深地折服了，他还资助欧阳修一些银两，并与其成了忘年之交。

原来这副完整的对联是：开关早，关关迟，放过客过关；出对易，对对难，请先生先对。

【明联智慧】

人们每天都要和不同的人打交道，都要在各种人际关系中游走，如果有了幽默与口才这个良方，就能让你如鱼得水、左右逢源。想拉近心灵之间的距离需要幽默与口才。人们常说："笑是两人间最短的距离。"而笑声则常常来自于良好的幽默与口才。因为它可以化解处世时的冲突或尴尬，拉近人们之间心灵的距离。幽默地表达自己的想法，能影响他人对自己的看法，缩短相互之间心灵的距离。

幽默：倍增个人的光彩

【幽默故事】

有一次，苏东坡游莫干山时到一座小寺庙中休息，寺中的住持见来客比较陌生，就淡淡地说了声"坐"，又对小和尚喊声"茶"。

苏东坡落座后，住持与他攀谈起来，发现来客出口成章、气度不凡，心中不禁惊讶，料想此人非一般人物，便把苏东坡请进了厢房。

进入厢房后，住持客气地对苏东坡说"请坐"，又叫小和尚来"敬茶"。经过一番详谈，方知来者是有名的大人物苏东坡。主持和尚连忙热情地引他进入客厅，连声说"请上坐"，并吩咐小和尚"敬香茶"。

当苏东坡离去之时，主持和尚请他题副对联以作留念。苏东坡微微一笑，说："对联我就不写了，我念出一副对联，由你们自己写上去好了。"于是随口吟出了一副对联：坐请坐请上坐，茶敬茶敬香茶。

住持听了十分尴尬。

【明眸智慧】

幽默与口才是智慧的外在体现，是灵感与智慧在突然之间的闪现与迸发。幽默与良好口才更是一门艺术，它就像一粒粒珍珠，撒落在人们心坎，给人以智慧的启迪和愉悦的享受。最重要的是，你巧妙地在语言中运用幽默技巧时，更能倍增个人的光彩，让别人以更敬仰的眼光看你。这也是幽默带给人们的另一个妙处。

幽默：笑对人生的苦难

【幽默故事】

1951 年，美国著名喜剧作家斯克尔顿乘飞机去欧洲的雅典娜城剧院演出。途中，飞机出现了故障，人们变得不安起来。而此时斯克尔顿却复发童心，他一本正经地背起剧本中的台词来，乘客被他幽默的表演逗笑了。

半个小时后，险情解除了，人们都欢呼起来，而斯克尔顿却一脸严肃地说："现在，亲爱的女士们，还有亲爱的先生们，30 分钟以前的坏习惯可以正常地恢复了。"

【明眸智慧】

斯克尔顿是一个幽默的人，当危难来临之时，他仍能临危不惧，以欢笑面对苦难，给他人以摆脱厄运的力量。幽默的言谈是一个人在面临困境时的情绪表现，能够淡化人的消极情绪，消除人们内心之中的沮丧和痛苦，让人们笑对人生中的苦难。幽默以其特有的魅力吸引着众人，并使人们为之倾倒。一个人只要懂得了如何运用好它，就能够坦然面对异常复杂、暗波汹涌的人生。

幽默：沐浴春风的语言

【幽默故事】

1991 年 4 月，"海峡情"大型文艺晚会在北京展览馆举行。

在表演独舞《祥林嫂》时，舞蹈家刘敏一时没注意，一脚踏空，坠落在了乐池里。

当时，凌峰是这台晚会的主持人，只见他不慌不忙地走上台来，拿着话筒说："我非常理解观众朋友们的心情，大家现在一定是在牵挂刘敏，请大家放心，如果刘敏真的摔伤，我愿意后半辈子嫁给她！"

观众们顿时笑起来，当刘敏重返舞台的时候，凌峰突然激动而庄重地说："刘敏曾经说过，艺术家追求的是完美无缺，现在她就要把刚才没跳完的舞蹈奉献给海峡两岸的亲人们。"

观众们闻听此更是感动至极，掌声久久不息，这掌声既是对刘敏顽强精神的赞赏，也是对凌峰幽默口才的嘉许。晚会又在一片其乐融融的气氛中继续进行。

【明眸智慧】

幽默是最受欢迎的生活艺术，一个具有幽默感的人最容易赢得他人的好感。具有幽默感的人说出话来诙谐风趣，让人有如沐春风之感。幽默的语言体现的是一种修养，它能让与人交往变得更为轻松。善用幽默语言的人善于拨动笑的神经，一句轻松的调侃话题，也会令人如沐春风！幽默的言谈可以给他人带来欢乐，也能让自己拥有愉快的心情。拥有幽默的人生活愉悦，并能拥有快乐的人生。

幽默：彰显口才的魅力

【幽默故事】

《围城》里的方鸿渐是一个颇具幽默感的人。

在方鸿渐刚回国时，他在家乡的一所中学做了一次演讲。方鸿渐说："吕校长，诸位先生，诸位同学，诸位的鼓掌虽然出于好意，其实是最不合理的。因为鼓掌表示演讲听得满意，现在鄙人还没有开口，诸位已经满意得鼓掌，鄙人何必 讲什么呢？诸位应该先听演讲，然后随意鼓几下掌，让鄙人有面子下台。现在鼓掌在先，鄙人的演讲担当不起那样热烈的掌声，反觉得有一种收了款子交不出货的惶恐。"

【明晰智慧】

这个开场白显然很成功，让方鸿渐立刻受到了众人的欢迎。幽默是一瞬间智慧的火花，让生活充满乐趣。显然，采用幽默的方式比板起面孔教训他人的效果要好得多，用幽默的方法往往能显示口才的魅力，使事情得到圆满的解决。幽默的语言，近乎一种默契形式，它使你与他人的相处变得更为友善、宽容，也更能展现你的风采。

幽默：为平淡生活增彩

【幽默故事】

彼得有一次住宿，在一家小客店里，到了半夜，他口渴的厉害，就大声地喊叫，可是就是没有人理他，他的喉咙越来越下，像着了火一样，情急之中他大声地喊了 起来："着火了，着火了'，快来救火啊！"

一时之间，全店的人都赶到了他的房间，发现并没有什么异常情况，只是看见彼得在继续喊叫。有人问他："火在哪里？快点告诉我们。"

彼得指着自己的喉咙，笑道："在这呀，大火就在我的喉咙里。快拿水来，浇灭它！"

店员听后，觉察到自己的疏忽，立刻去给他拿了水。

有时，用幽默与他人相处，可以给平淡枯燥的生活增加一点乐趣。

【明晰智慧】

有人说幽默是生活的调味剂，它使人们的生活变得丰富多彩，用幽默来调剂平凡的生活，人们就会体味到愉悦和满足。幽默的语言给人们的生活带来了莫大的乐趣，可以说，幽默就像菜肴中的盐，它让人们品尝到生活的乐趣，离开了幽默，人们的生活就会变得黯然失色。

幽默：增强社交的力量

【幽默故事】

一个富翁请一名画家为他画肖像，画完之后富翁却拒绝支付议定的 10 美元报酬，理由是："你画的根本不是我。"

一个月之后，画家把这幅肖像公开展览，题名为《贼》。富翁知道后，异常恼怒，打电话向画家抗议。

画家十分平静地对富翁说："那幅画与你有什么关系？你不是说过那幅画画的根本就不是你吗？"

为此，富翁不得不买下这幅画，并将其改名为《慈善家》。

【明眸智慧】

在社交中，得体地运用幽默与口才，可以助自己一臂之力。在与他人相处时，当对方有意为难你时，一定要冷静地对待所遇到的事，找到对方的要害，将愤怒化为幽默，保障自己的利益。在感到别无选择时，适当运用幽默技巧，可以增强自我社交的力量，巧妙地化解不利的局面，可以让你更快地走出困境。

幽默：展现魅力的妙法

【幽默故事】

小张和几个好朋友一起聊天，其中的小李是个急性子的人，他总是打断小张说话，以至于小张无法完整地表达出自己的意思。小张站起来说："真是抱歉，说话时要排队，请不要在中间插队好吗？"

听到这句话后，大家的注意力都转移到小张身上来了，小李发现小张抢了他的风头，也抢着说了一句："请不要在中间打岔！我郑重地重申我自己的观点。"

小张接着说："既然如此，我也把我的加上着重号的意见再说一遍。"

【明联智慧】

就这样，在层层推进的情况下，小李和小张二人在互动的幽默中展现了自我的非凡魅力，不仅逗笑了在场的每一个人，也促进了大家关系的融和。幽默可以改善或增进你与他人的关系，让你更好地展示自身的魅力。在人际交往中，幽默使你的语言更具有吸引力，并让你赢得众人的欢迎。从另一方面来说，幽默能够引发喜悦，带来欢乐，使他人获得精神上的满足，并在笑中征服人、感染人。幽默更是一种展现自我魅力的妙方，它能够让你自信地表现自己，获得他人的理解。

幽默：使你成为众人瞩目的焦点

【幽默故事】

马尔科姆·萨金特是美国著名的音乐家。在他过70岁生日的时候，有朋友问他："请问，你能活到70岁的高龄，最大原因是什么呢？"

玛尔科姆·萨会特歪着头想了一想说："我想这应该归功于一个事实，那就是我一直还活着，并且没有死。"

第二天，报纸上刊登了这一消息，很多不关注他的人也开始四处打听起他来了。

【明联智慧】

在交际场合中，幽默宛如一个宣示自我的平台，它能让你成为人群之中的焦点，吸引他人的目光。幽默是人类一种独有的特质，一个会幽默的人，能够给周围的人带来欢乐，并在人际交往中增加自身的魅力，因而会备受他人的关心和瞩目。幽默是拉近感情的热线。它像春风一样，吹绿了他人荒芜的心灵，并使人愉悦。如果希望引人注目，那么你就应该学会幽默。

幽默：弹奏心灵的共鸣

【幽默故事】

苏东坡与佛印是一对很要好的朋友，他们经常在一起切磋诗文。

有一次，苏东坡对佛印说："佛印老兄，你知道吗？古诗中常把'僧'和'鸟'作为一对，像'鸟宿池边村，僧敲月下门'是一个例子；还有'时闻啄木鸟，疑是叩门僧'也是一个例子。"

佛印听了，知道苏东坡在有意地挖苦自己与鸟是同类，于是回敬道："那是在古诗中，可是今天我这个僧人正好可以和你成为一对。"

说完，两个人会心地笑了。

【明眸智慧】

李白曾说："人生贵相知，何用金与银。"可见，人们之间的交往，贵在心灵上的沟通。要想弹奏双方心灵的共鸣曲，需要借助于幽默的语言，由于其比较风趣，给人以友善之感，因此更易使人接受。古人云："听君一席话，胜读十年书。"同那些具备幽默感的人言谈比品尝一壶陈年佳酿更令人兴奋，比欣赏一曲动人的交响乐更振奋精神，因为幽默能够真正地引起双方心灵的共鸣。幽默可以让人放松心情，产生心灵的共鸣。用幽默面对他人，你会发现：欢笑会使你们走得更近，并能填平双方之间的鸿沟。幽默之所以能够使人相互间产生心灵的共鸣，是因为具有幽默感的人大都善解人意、乐于助人，并且能与周围的人和睦相处。

幽默：劝导他人的妙方

【幽默故事】

关汉卿在编演《窦娥冤》时，因揭露了官场黑暗，得罪了当朝权贵，受到官府的通缉。关汉卿连夜出逃，遇到了巡夜的捕快。班头问关汉卿："半夜三更的不待在家里，出来干什么？"

关汉卿顺口答道："三五步走遍天下，六七人统领千军。"

班头听此人口吐狂言，仔细打量此人，感觉好像在戏台上见过，便问道："你是唱戏的？"

关汉卿答道："或为君子小人，或为才子佳人，登台便见：有时欢天喜地，有时惊天动地，转眼皆空。"

班头细细品味，问道："莫非你是关……"

关汉卿哈哈一笑："看我非我，我看我，我亦非我；装谁像谁，谁装谁，谁就像谁。"

班头是关汉卿的戏迷，听了这些令人发笑的话，料定此人必是关汉卿无疑。他的脑子飞快地转了起来：抓住他吧，于心不忍；不抓他吧，到手的四百两银子可就没了。

关汉卿察言观色，猜到了他的心事，于是又吟诗一首："抬头莫逞强，纵使得厚禄高官，得意无非俄顷事；眼下何足算，到头来抛盔卸甲，下场还是普通人。"

班头顿时醒悟过来，他对衙役们说："真是一个书呆子！快放他走吧，不要再浪费时间了。"

【明晰智慧】

幽默是最好的情感润滑剂，而且幽默在劝导他人方面的作用也是不可忽视的。在劝导中融入幽默，可以把平常不易直接表明的话对他人说出来，让他人更乐于接受你的意见。幽默可以不用直接说出自己的意思，就能让对方明白你的意图，并且可以避免直言而让对方产生厌烦的感觉。幽默的说服语言具有很大的魔力，它能通过富有技巧性的语言，把他人说得心悦诚服，并让他人有所感悟。在话语之中透出浓浓的幽默之趣，更易于他人接受你善意的劝说。

幽默：让人回味的表达

【幽默故事】

富兰克林·罗斯福第四次连任美国总统时，一位记者强烈要求采访他。记者问罗斯福对连任总统之事有何感想，罗斯福并未回答，而是请记者吃一块蛋糕。记者觉得这是一种荣耀，于是他很快就吃完了这块蛋糕。罗斯福又请他吃一块蛋糕，记者的肚子已经饱饱的了，但他还是勉强着吃了下去。

这时罗斯福幽默地说，现在你不会再问我的感想如何了吧。因为你已经有了切身的感受。

【明晰智慧】

含蓄的表达是把想说的并且是重要的部分故意隐藏起来，用间接的语言让他人明白自己的意思，以婉转的方式达到最佳目的。常言道："言有尽而意无穷"，含蓄的表达，让他人回味无穷。含蓄的幽默能让他人感到你热辣的嘲讽而又不至于伤害对方，其中关键是要让幽默的语言有耐人寻味的意味，这样才能使对方顿悟。

幽默：生动快乐地交谈

【幽默故事】

1984年2月，里根举行73岁的生日宴会。

有记者问他有什么感想，里根说："今天恰逢我36岁生日的第37个周年纪念。无论哪一年我都过得愉快，我感到我生活得很快乐。如果你们考虑选择其中的一年让我来参加的话，我想我会非常高兴的。"

大家都笑了。

这时有一位记者告诉里根："我希望我将来能参加你的100岁生日庆典。"

里根大声地对他说："我想这没有任何问题，因为——你看起来是那么年轻，至少比我年轻多了"

大家又笑了起来。

【明眸智慧】

在笑声中与人愉快地交谈，可以拉近双方之间的距离，使你与他人的交往变得更为顺畅。如果能与对方一起进行有趣的谈话，那么自己也会变得开朗。在笑声中愉快地交谈，可以联结人们之间的感情，增进人际间的信任。每个人都应该学会用幽默表现自我，坦诚地与他人相处，因为幽默让交往充满趣味，让双方谈笑风生。

幽默：化解对方的恶意

【幽默故事】

一个富人看见一个人骑马经过自家门口，就站在门口大声喊道："喂，吃个馒头再走吧！"

骑马人连忙从马背上跳了下来，说："谢谢你的好意！"

没想到富人说："我没有和你说话，我在和马说话呢！"

骑马人猛地转过身子，狠狠地打了马两下，说："出门时你说没有朋友，为什么现在却有人请你吃馒头呢？"

富人生气地说："你在和谁说话？"

骑马人说："我没和你说话，我在和马说话呢！"

说罢，对准马屁股，打了两鞭子，又说："看你以后还敢不敢再胡说八道！"

骑马人幽默地模仿相当有力。他巧借教训马的机会，狠狠地反击了对方的不友好，让对方吃了一个哑巴亏。

【明眸智慧】

在与他人交往中，面对他人的恶意挑衅，巧妙地抓住对方的一句话、一个比喻、一个结论，运用幽默进行还击，就能够达到回击的目的，而且又不会让对方太失面子。模仿是一种幽默的礼尚往来，它不同于通常的互相攻击，而是以一种极其幽默的模仿形式予以还击。幽默之余，既令他人感到好笑，又使对方感到难堪。

幽默：回避对方的锋芒

【幽默故事】

有一次，惠特曼在演讲，他的演讲幽默风趣，全场的人都在全种贯注地听。忽然有人在台下大声喊道："你讲的是笑话，我一点也听不懂！"惠特曼面对这种攻击，感叹道："原来你是长颈鹿呀，只有长颈鹿才有可能在星期一浸湿了脚，到星期六才能感觉得到！"

【明眸智慧】

惠特曼在面对他人无理的攻击时，巧妙地运用幽默，回避了对方的锋芒，并达到了回击对方的目的。在社会交往中，面对他人的无理攻击，如果一味地退让，只能让对方得寸进尺，相反，若语言之中加入诙谐的幽默，往往能让对方无可奈何。面对他人攻击，你可以用看似轻松的幽默，接过对方攻击的话语，或者话锋突然一转，击中对方的弱点。这样既能巧妙地回避对方的锋芒，又不会使自己受到伤害。

幽默：扩大交际的范围

【幽默故事】

法国作家小仲马的一个朋友剧本上演了，朋友邀请小仲马同去观看。小仲马坐在最前排，但总是回头数："一个，两个，三个……"

"你在干什么？"朋友问。

"我在替你数打瞌睡的人。"小仲马风趣地说。

后来，小仲马的《茶花女》公演了。这位朋友也被邀请观看。这次，轮到朋友回头找打瞌睡的人，好不容易找到一个，朋友说："今晚也有打瞌睡的人呀！"

小仲马看了看打瞌睡的人，说："你不认识这个人吗？他是上一次看你戏睡着的，至今还没醒呢！"

【明眸智慧】

小仲马和朋友之间的幽默是建立在一种真诚的友谊基础上的，没有虚伪的客套，这样的幽默更能增进朋友间的友谊。有了幽默，人们就可以学会以笑来代替苦恼。借着幽默的力量，人们能让自己和他人远离痛苦。事实上，幽默力量的形成主要在于人们的情绪，而不在人们的理智。你的幽默力量是你以愉悦的方式表现出来的。它还能表达出你的真诚、大方和善良。

很多人都有广交朋友的心，但是总苦于没有行之有效的方法。如果你能像小仲马一样，语言机智幽默，真诚待人，那么，总有一天会四海之内皆兄弟。朋友间的幽默方式很多，往往更有默契，也更能开心。幽默可以润滑人际关系，消除紧张，解除人生压力，提高生活的品质。它可以把人们从自我中解放出来，使自己和他人轻松地相处。它还可以化解冰霜，使人们获得益友。它可以使人们振奋，信心大增，使人们脱离许多不愉快的窘境。

幽默：振作精神的良药

【幽默故事】

在太冷、太热，或太湿的天气里，有关气象的笑话更能振奋听众的精神。例如下列这几句话：

"气象预报人员说今早会有大雾。今天早上我的邻居跨出前门，现在他正在大雾中打捞他的身体。"

"我办公室里冷得要命，办公桌椅不得不装上防雪轮胎。"

"如果再来一季这样恶劣的寒冬，我就要退休了。我要在车顶上绑一把铲雪的铲子，然后朝南驶去，一直开到有人指着铲子说：'那东西是干什么用的？'我才会停下来。"

【明眸智慧】

以笑来面对日常生活中那些可以引起人们不快的小事情，要让不快的情绪消失。借着笑的分享，你就可以把琐细的问题摆在它适当的位置，和你整个生活相比，它就显得很小了。你也能借此提醒别人，这有助于他们轻松地面对困难事情，你会使他们重振精神。

幽默：含蓄方式传道理

【幽默故事】

毛泽东作为一位具有恒久魅力的历史巨人，他博学、幽默、睿智、雄辩，凡是与其接触过的人，无不觉得他是语言大师，无不从他的语言说服艺术中得到感受，受到启发。他说服人的语言艺术，常常是风趣幽默而富有哲理，生动形象而寓意深长，总是在与别人轻松的谈话中解开对方的思想疙瘩和解决重大问题。在许多情况下，他并不直截了当地告诉对方应该怎么做，而是将意思隐含在其中，给听话者留下咀嚼体味的机会和体验。

一次，李银桥指挥着几个卫士把一张大沙发从书房搬到另一间房子。沙发很大，但房子的门小，试过几次都没有搬出去，只好又放到原来的地方。毛泽东进书房一看，便问："怎么没有搬出去？"一名卫士回答说：'门太小，搬不出去，主席，干脆就留在屋里吧！"

毛泽东看了看李银桥和几个卫士，在沙发左右来回踱了几步，时而望望沙发，时而看一眼门，最后，他停住步，慢条斯理地问："银桥，有件事我想不通，你们说说，是先盖起这房子后搬来沙发呢？还是先摆好沙发再盖起房子呢？"说完，毛泽东便微微一笑，走出书房继续散他的步。

"还愣什么？搬吧。"李银桥一声招呼，大家便又干起来。这次他们听懂了毛泽东的那句话，动起了脑筋，不时地变换方式，最后，他们通过先把沙发立起来，先出沙发靠背，在某一角度及时转弯，把沙发搬出了书房。毛泽东一边在院子里散步，一边望着李银桥他们。沙发一出书房，他就走了过去，并问："怎么样啊，有什么感想？"一名卫士说："没错，是先盖房子后摆沙发的。"毛泽东笑着说："我也从这件事中受到一点启发，有一点感想，那就是世界上干什么事都怕认真两个字，共产党就最讲认真。"

【明眸智慧】

每个人都希望自己都能拥有顺畅的人际关系，可是，现实生活却并不尽然。因为当人在要说服别人或为自己做辩解、对人提出异议时，往往会很冲动地把自己的情感赤裸裸地表现出来。这样，自己的意见就很容易引起他人的疑虑或阻挠。事实上，用大声吼叫或急促说话的方式来降服对方的情景随处可见。但这种方式往往很难获得成功。人们经常看到许多态度强硬的人摆不平的事情，却被某人三言两语的笑话化解了。这就是运用含蓄方式传道理的方法，再加上幽默、风趣的语言，往往比一般态度生硬的人更具感染力的原因。

幽默：抚平伤痕暖人心

【幽默故事】

同室的小王失恋后，整天茶不思、饭不想，在床上长吁短叹，大家都不知如何劝慰才好。

生性达观的阿杜对小王说："快些停止叹息下床吧！难道失恋的滋味那么好，值得你不吃不喝地躺在床上慢慢品味？"

对失业的朋友你不妨劝他往好的一方面想：

"别为这事郁闷了，多好的机会呀，你不是向往每天睡到自然醒吗？这次你终于如愿以偿了。明天先睡个大懒觉吧。对你来说，找到一个更好的工作太容易了。"

【明联智慧】

人们失恋、失业，他们的情绪肯定很低落。此刻，他们也一定需要你乘着幽默之船去苦海搭救他们呢。幽默的安慰总是能让朋友解除失意时的压力，把他们从个人的痛苦中拉出来，把坏心情赶走，使他们重新振作精神，脱离许多不愉快的窘境。

随着现代生活节奏的加快，人们的精神压力也越来越大。其实，对生活中的一些难事人们不必太紧张，有时更需要以轻松的心情和冷静的头脑去对待。担心不如宽心，穷紧张还不如穷开心。对于那些"原本无事，庸人自扰"的朋友，你不妨也用此法来安慰他们。

第五章　职场中的幽默

——用幽默打开职场通道

　　职场幽默是仕途晋升的动力，工作中幽默感的价值在于能给工作来点轻松的调料，能幽默地表达你的观点，能在笑声中向上司提建议，幽默地批驳你的上司。有幽默相伴，你做这一切都会左右逢源，不会有独行职场的无助和孤单。

巧用幽默言辞赢机会

【幽默故事】

一位求职者来到麦当劳。在面试的时候，对方一脸严肃，问道："我看过你的简历，你以前并没有在餐饮业供职的经历。请问，你为什么会选择来我们公司？"

求职者微微一笑，开口唱道："更多选择更多欢笑，就在麦当劳！"

老板先是一怔，接着就笑了，随后问了他一些对麦当劳有什么了解之类的问题，就录用了这位求职者。

【明职智慧】

一个完全没有相关行业经历的求职者竟然清唱一曲就可以在麦当劳谋职，这并非无稽之谈。细细品味之余，人们不难发现其中的玄妙。这一句家喻户晓的广告词达到了一举四得的效果：其一，化解了老板尖锐提问所带来的紧张，让气氛更加轻松；其二，回避开这个最难回答得圆满的问题；其三，言简意赅又不落俗套地回答了对方的问题——因为贵企业能给我更大的选择机会，在工作中我会感到的快乐；其四，向面试者传达了这样一个信息——我是个有心人，我关注贵企业，更认同你们的企业文化。幽默是求职者提交给招聘方的个性名片。要想顺利地闯过职场面试第一关，在非常严肃、紧张的面试中幽默一下就可能让"红灯变绿灯"，说不定还会一路顺风，在众多竞争者中遥遥领先。

用幽默美言提醒领导

【幽默故事】

三国时代，有一年干旱少雨，虽为天府之国的蜀地，粮食的收成也是十分惨淡，于是蜀主刘备下令禁止民间百姓私自酿酒。当时，衙役们到处搜索，发现谁家有做酒的工具就认为他不顾禁令私自酿酒，抓起来问罪。

简雍对此事存有异议，却又不好指出。

有一天，简雍和刘备出游，看见一对男女走在路上，简雍见状，就对刘备说："主公你看，他们定是准备通奸，为什么不拘押起来呢！"

刘备很奇怪，问他："你凭什么说他们会如此？"

简雍回答："他们一男一女如此亲密，证据确凿，与那酿酒人的情况一样，所以我才这么说。"

刘备听了大笑，听出了简雍的言外之意，于是下令释放了因有酿酒器具而被捕的人。简雍这种幽默表达意见的方法避免了君臣之间的直接冲撞，诙谐间便把问题化解了。

【职场智慧】

在职场中，由于所处立场、知识结构、教育背景、观察角度等的不同，上下级之间产生意见不合的情况在所难免。这个时候，作为下级隐忍求全未必可取，据理力争也不见得高明，最明智的办法是把自己的意见充分地表达出来。而怎么表达就是很重要的了，幽默地发表意见是一个上佳的策略。

领导也是人，也会犯错误、有失误，作为下属有必要提醒、指出领导的错误或者失误，帮助其改正。但是，就像直接指出一个人的错误会遭到白眼一样，作为下属直接指出领导的错误也显然是不妥当的。所以，在指出领导错误或者失误的时候一定要注意方式方法。英国大文豪毛姆在其名著《人性枷锁》一书中说过一句亘古名言："身居高位之人，即使请你批评指教，他所真正要的还是赞美。"因为，这是人性所在。

让客户爱上你的推销

【幽默故事】

美国有两家保险公司的业务员在推销本公司的保险业务时，争相夸耀自己公司的服务如何周到，付款如何迅速。A公司的业务员说，他的保险公司十有八九是在意外发生的当天就把支票送到投保人的手中。而B公司的业务员也不甘认输，于是便取笑说："那算什么！我们公司在一幢四十层大厦的第二十三层。有一天，我们的一位投保人从顶楼摔下来，当他在坠落的途中经过第二十三层时，我们就已经把支票塞到了他的手里。"其结果是那位B公司的业务员赢得了更多的客户。

据说这是一个真实的笑话。那么说法明显荒诞搞笑的 B 公司的业务员为什么能够赢得更多的客户呢？作为陌生人，谁能尽快消除顾客心中对陌生人的本能戒备和抵触情绪，拉近彼此之间的距离，就意味着谁推销成功的概率更大。B 公司的业务员正是运用了夸张的语言构成了幽默，才迅速接近了顾客，成功地推销了本公司的保险业务。很多推销员都喜欢使用一招叫软磨硬泡，或者说是软硬兼施，以为死缠烂打就可以让顾客"屈服"。但事实上，由于太过急功近利，最终往往欲速则不达。其实，只要加进去一些幽默成分，这种软硬兼施的成功率就会有所提高。

让逆耳忠言更起效

乔治·华盛顿是美国的第一任总统。他有一个年轻的秘书，一天早上晨，这位秘书来迟了，他发现华盛顿正在等着，感到很内疚，便说他的表出了毛病。

华盛顿平静地回答："恐怕你得换一只表，否则我就要换一位秘书了。"

华盛顿的批评是严厉的，但同时也是幽默的，用自己换表来类比换秘书，相信那位年轻的秘书能够听出总统的真实意思。

在众多批评的方式中，"幽默式批评"可算是最容易被欣然接受的。所谓"幽默式批评"是指以缓和的方式、幽默的语言含而不露地指出他人错误，从而起到启发被批评者思考、增进相互间感情交流的目的。很多时候，一句巧妙言辞的力量能胜过无数句平淡的说教。

"良药苦口"、"忠言逆耳"的说法，经常被用来告诫人们要虚心接受批评。可是如果给良药裹上糖衣，让忠言听着顺耳，批评的效果岂不是更好？那么如何做到这一点呢？首先，批评要善意，要尊重、理解、信任被批评者，对事不对人，以理服人。对事，也仅仅是对其缺点、错误，而不能抓住一点，不计其余，以致否定一个人的全部工作、全部历史。其次，就要注意批评的方式方法。一般说来，在面对批评时，特别是上级批评下级、长辈批评晚辈时，被批评者的心理常处于紧张、严肃的状态，严重时还会伴有焦虑、恐惧、对立、泄气等情绪。它们是双方建立感情的阻碍，多少会影响批评的效果。如果批评能运用幽默的手段，批评者含笑地讲道理，被批评者在笑声中微微脸红，内心深处接收到的是触动而非刺激，心情愉快地接受指教，更容易接受批评。

诡辩制胜幽默见水准

【幽默故事】

迈克在一家大的合资企业工作。他经常在上班时间去理发店理发，这是违反公司规定的，公司规定职工必须在下班时间才能理发。

一天，当迈克正在理发店理发的时候，公司经理也来理发。迈克看见经理，急忙低下头，藏起脸，想躲过经理。可是经理却坐在他旁边的位置上，很快认出了他。

"喂，迈克，"经理严厉地说，"你怎么在上班时间理发？"

"对不起，经理。"迈克说，"可是，您看，我的头发是在上班时间长的。"

"不完全是，"经理马上说，"有些是在你下班时间长的。"

"是的，经理，您说得很对。"迈克礼貌地回答，"但是，我现在只剪上班时长的那部分。"

经理被迈克幽默的诡辩给逗笑了，于是也就顺水推舟，再也没有追究这件事，而迈克也知趣地改掉了上班理发的习惯。

【明职智慧】

自己犯了错误，如果你能给自己找一千个借口，上司就有一千个理由骂你！明明知道自己有了失误，反而千方百计地给自己找借口，这就像相声里面说的，买菜为了图二分钱的便宜，花十块钱打车去一样愚蠢。相反，如果像迈克一样"强词夺理"地说一些沾不着边的理由，就能够在产生幽默效果的同时，又表明你不是蓄意反驳，让上司乐意接受。

幽默开场引众人关注

【幽默故事】

有一次，大教育家陶行知先生在武汉大学演讲，主题是"学习的主动性与被动性"。在演讲中，陶先生做出了非常令人吃惊的行为，他从随身带着的箱子里拿出了一只大公鸡，台下的听众全愣住了，不知陶先生要干什么。陶先生从容不迫地又掏出一把米放在桌上，然后按住公鸡的头，强迫它吃米，可是大公鸡只叫不吃。这时，他就强行掰开公鸡的嘴，把米硬往鸡的嘴里塞。公鸡拼命挣扎，还是不肯吃。这时，陶先生才轻轻地松开手，台下的听众都注视着讲台，猜测陶先生的用意。这时，只见他把鸡和米放在桌子上，自己向后退了几步，那只刚刚死也不吃米的大公鸡见此时平静了，竟自己走过去吃起米来。

这时陶先生才打破沉默，说出了自己要表达的观点："我认为，教育就跟喂鸡一样。先生强迫学生去学习，把知识硬灌给他，他是不情愿学的。即使学也食而不化，过不了多久，他还是会把知识还给先生的。但是如果让他自由地学习，充分发挥他的主观能动性，那效果一定会好得多！"

台下一时间欢声雷动，为陶先生的演讲叫好。

【幽默智慧】

陶行知采用了人所共知的"喂鸡"这一行为，说明了一个很抽象的道理：要发挥学生学习的主观能动性。这种幽默的表达方式形象、生动且独树一帜，给在场的人留下了深刻的印象，用具有寓意的行动表现主题。

幽默给双方一个台阶

【幽默故事】

清代的纪晓岚以能言善辩、学识渊博受到乾隆皇帝的赏识和重用。有一次，乾隆皇帝很想开个玩笑，便问纪晓岚道："纪卿，'忠孝'二字做何解释？"

纪晓岚答道："君要臣死，臣不得不死，是为忠；父要子亡，子不得不亡，是为孝。"

乾隆立即说："那好，朕要你现在就去死。"

纪晓岚答道："臣领旨！"

纪晓岚磕头遵旨，然后匆匆跑到后堂，不一会儿，他全身湿淋淋地回到乾隆皇帝跟前。

乾隆惊讶地问道："纪卿怎么没有死？"

纪晓岚说："我遇到屈原了，他不让我死"

乾隆问："此话怎说？"

纪晓岚说："我到了河边，正要往水深处走时，屈原从水里向我走来，他说：纪晓岚，你此举大错矣！想当年楚王昏庸，我才不得不死，可如今皇上如此圣明，你为什么要死呢？赶紧回去吧！"

乾隆听后放声大笑。

【职联智慧】

纪晓岚知道皇上并不是真心想让自己去死，只是碍于面子不好收回成命。他巧用幽默的语言，给乾隆设置了一个漂亮的台阶，成功地挽救了自己的性命。幽默的口才是获取成功的重要武器，也是职场成功人士必备的素质。只有每天都用心撰写幽默的脚本，才能创造良好的工作条件。活泼俏皮的幽默语言，让你在职场轻松拥有一分自信，能够帮助你创造融洽的同事关系，并创造和谐的职场氛围、娴熟地运用幽默技巧，你就会走向职场的成功。

以幽默应付客户刁难

【幽默故事】

丽娜在一家公司里做接待员，她的主要工作就是接待访客、接听客人的来电，同时还要帮助同事和老板处理很多杂事。空闲的时候，也还得打字。有时，会有一些自以为是的人来电话给她出难题。

一次，有个客户在电话里说："我要和你的老板说话。""我可以告诉他是谁来的电话吗？"丽娜问。

来电话的人坚持："快给我接你老板的电话。我现在要马上和他进行通话。"丽娜耐着性子幽默地回答道："很抱歉。他花钱雇我来接电话，似乎很傻。因为十个电话中有九个是找他的。"来电话的那个人笑了，然后他的名字和电话号码告诉了丽娜。

【职场智慧】

在工作中，有些客户素质有待提高，他们会仗势欺人，提出一些无理的要求。面对客户类似的无理要求，你苦口婆心的解释未必能够打动他，严词拒绝也未必是最好的办法，像这位接待员一样用幽默的手段既回击了客户，还让他没办法还手。同样我们也会一些只强调自己的理由，而不站在你的角度上考虑问题的客户。面对这样的客户，很多人都感到头疼，不知道怎么处理既不得罪客户又避免浪费时间。其实，你只需把你的难处告诉他，只要适当地加些幽默的成分，对方多半会表示理解。

以幽默应对无理狡三分

【幽默故事】

在一个汽车展示场上，一对年轻夫妇对那辆小型汽车的价钱颇有微词。"这几乎等于一辆大型汽车的价钱了。"那位丈夫抱怨道。销售员说："当然，如果您喜欢大车的话，同样的价钱，我可以卖给您两台大型拖拉机。"

【职场智慧】

客户的抱怨有时候可能是你确实服务不到位，而有的时候则是一种变相的挑剔。然而对于这些话，你不能置之不理，如果应对更巧妙呢？就像上面这个例子，有的时候客户的抱怨是没有道理的，就像故事中的夫妻一样，如果实力不够，那就选择自己能够承受的价位，这样的抱怨显然是无济于事的。幽默的销售员自然也不满这种抱怨，于是顺着客户抱怨的意思看似提出了解决问题的办法，实际上是运用幽默手段加以反击，不仅表达了他所推销的小型车是物有所值的，并且在令顾客笑的同时，更容易获得顾客的认同。

职场幽默抱怨最得体

【幽默故事】

在一次发薪水的时候，职员吴今竟然收到了一个空的薪水袋。他当时非常生气，心想，这帮财务人员怎么能出现这种失误？他脑子里顿时闪过几套解决方案：一是直接向总经理反映问题，让总经理治一治财务人员；二是直接到财务处兴师问罪；三是找到财务处，对财务人员说："我没有说我这个月的工资请你们吃饭呀？怎么我的工资全被预支了？"四是对财务说："不好意思，这个月我的薪金袋饿得前胸贴后背了，给看看是怎么回事吧？"

吴今很快就否决了一、二套方案，因为工作失误是正常的，没必要对别人睚眦必报。第三套方案用语幽默，不会让人逆反，但是由于平素与财务处打交道的机会少，相互间并不熟悉，说请吃饭的事儿多少有些突兀。他考虑再三还是选择了第四套方案，并且很快得到了补发的薪水。有了这次交往，他也和财务处的人建立了良好的联系。

【职职智慧】

吴今这种谨慎运用幽默表达抱怨的方法是值得人们学习的。幽默说到底是一种语言艺术，必须要寻求最佳表达方法才能取得最佳效果。如果不合时宜地表达，则有可能弄巧成拙。虽然宽容忍让可能会令你一时觉得委屈，但这不仅表现了你的修养，也能使对方在你的冷静态度下平静下来，更加有利于问题的解决。

任何人都会出现失误和过错，别人无意间造成的过错应充分谅解，不必计较无关大局的小事情。当人们对于某些行为实在看不过去的时候，除了委婉地提意见，幽默式的抱怨是最巧妙的。

用幽默向生人推销自己

【幽默故事】

美国中央情报局需要一个高级特工，通过层层严格的筛选，最后剩下两男一女。他们将面临最终的考核。

主考官将第一名男子带到一扇铁门前，交给他一把枪，说道："我们必须确信你能在任何情况下服从命令。你的妻子就坐在里面，进去用这把枪杀死她。"

这名男子满脸惊恐地问道："你不会是说真的吧？我怎么能杀死我的妻子呢！"于是他落选了。

接着是第二位男子，主考官交给了他同样的任务之后，他先是一惊，不过还是接过了枪进了门。

5 分钟过去了，没有一点动静，然后门开了，这名男子满脸泪水地走了出来，对主考官说："我想下手，但无法扣动扳机。"自然，他也落选了。

最后轮到那位女人。

当她被告知里面坐着她的丈夫，她必须杀死他时，这位女子毫不犹豫地接过了枪，走进门去。门还没有关严，就传来了枪声。

连续 13 声枪响之后，又传来了尖叫声和椅子的碰撞声。

几分钟之后，一切又恢复了平静。

这时，门开了，女人走了出来，擦了擦额头上的汗水，生气地对考官说："你们这些家伙，竟然不告诉我枪里装的都是空弹，害得我只好用椅子把他砸死了。"

【职场智慧】

创造力加上幽默的力量，可以让人们更有弹性地去处理事情。人们可以运用富有创造力的方式来达到某种目的，用它来寻求答案，有时要凭幻想来发现，在大脑里设想："如果我这样做的话，会怎么样？"在美国，有不少求职者都是利用幽默机智取得成功的。不论你面对何种突如其来的面试，只要你勇敢镇静，用机智幽默的答案来转移话题，并且妙语连珠，便可以获得成功。一句话，自我推销要大胆，自我选择要幽默。

用幽默拉近与上司的距离

【幽默故事】

有一次，马克在华盛顿国家剧院演出，美国总统也前来观看。

不料演出刚过一会儿，马克就看到总统开始打盹了。马克停下歌唱，走到总统前面，说道："喂，总统先生。是不是到了您睡觉的时间了？"

总统睁开眼睛，四下里望望，意识到这话是冲着自己来的。他站起来，微笑着说："不。因为我知道我今天要来看您的演出，所以一夜没睡好，请继续唱下去。"

【职场智慧】

这则幽默对话，表现了演员的直言不讳和幽默，也表现了总统所具有的幽默感。演员根本没有开罪总统，相反，倒成了总统的好朋友。由此可见，幽默使用得适时适度，往往能够拉近与上司的距离，赢得上司的理解和信任。幽默在调整上下级关系向着更为亲和的方向发展有着微妙的作用。运用得当，可以消除彼此间职位等级上的隔膜，让关系更为亲近。大凡有心的人，都懂得运用这一技巧。

以幽默获得同事好感

【幽默故事】

美国作家杰克·伦敦许诺给纽约的一家出版社写一本小说，但却迟迟没有交稿，出版社编辑一再催促均无结果后，便往杰克·伦敦住的旅馆打了个最后通牒式的电话："亲爱的杰克·伦敦：如果24小时内我还拿不到小说的话，我会跑到你屋里来，一拳揍到你鼻梁上，然后一脚把你踢到楼下去。我可从来是履行诺言的。"

杰克·伦敦回答说："亲爱的迪克：如果我写书也能手脚并用的话，我也一定能履行自己的诺言，按时将书交到你的手里。"

【明眼智慧】

报刊、出版社的编辑与撰稿者之间是一种合作关系，如果合作期间能适时幽默，那么双方的工作都会进展得更顺利。你如果不能领略到别人的幽默对自己的裨益，也就不太可能以自己的幽默来激励他人。为了表现你重视别人所带来的好处，应该时时刻刻保持乐观的态度，同别人一起欢乐。如果你有自己的特点，能创造一个自己独特的幽默方式就更好不过了。自己独特的幽默方式是专属个人的，任何人都学不来，所以会更有威力。

以幽默应对职场不合理

【幽默故事】

有个知县想要陷害一名衙役，限他三天内买一百个公鸡下的蛋，否则就要将他革职查办。

到了第三天，衙役也没有买到公鸡下的蛋，就在家中放声大哭。

他的妻子问明情况，安慰他说："你不用着急，我去应付知县好了。"

说罢，赶到县衙，大声击鼓。

知县升堂，问明是衙役的妻子，喝问道："你的夫君为何不来？"

妻子说："大人，我的夫君正在家里坐月子！"

知县怒吼道："你在这里胡说什么！哪有男人坐月子的？"

妻子反问道："既然男人不能坐月子，那么公鸡又怎么能下蛋呢？"知县无言以对，不再难为衙役。

【明职智慧】

职场中不乏不合理的现象，你不妨采用幽默的方式面对，让你工作得更快乐。幽默感是工作中一项公认的"资产"，因为幽默感有利于促进人际沟通，建立良好的同事关系，而且，幽默不仅能有效解决一些非常棘手的实际问题，还能把工作的价值发挥到最大。

用幽默缓解工作压力

【幽默故事】

在西方国家，巡警的工作是很难做的。一天，巡警乔治在路上看见两个年轻的天主教教徒同骑一辆自行车在一条小路上飞驰，显然不合乎交通法的规定，于是便将他们拦住。乔治说："你们不知道这样做是违反交通法规的吗？而且这样的速度有多危险，你们不害怕吗？"

两个教徒异口同声地说："没关系，天主和我们同在。"乔治说："很好，这么说我应该罚你们80美元，因为三个人是不能同骑一辆自行车的。"就这样，乔治在玩笑中，完成了这项艰巨的工作。

【明职智慧】

在这里，巧妙的幽默化解了一个棘手的问题，也缓解了巡警的工作压力。可谓一箭双雕。在面对各种各样的工作压力的时候，如果你都能运用幽默巧妙地处理，相信你的工作会更加顺利地进行下去。在当今竞争异常激烈的社会中，工作压力已经成为上班族的主要压力，如果处理得好，压力也许就会转变为动力。反之不但会使人心烦意乱，还会失去工作的积极性，压力就会成为阻力。因此，减压是现在流行词汇中使用频率最高的一个。为了使自己的工作更加有效率、更加轻松自如，可以采取幽默疗法来减轻自己的工作压力。

职场处处需要幽默

【幽默故事】

一次招聘会上，方华应聘一个举足轻重的职位，简历投出后大概两星期左右，对方就将未能录用的 E - mail 发给了他。可能是由于系统错误，对方发了两封抱歉信给他。方华毫不犹豫地回了一封信，"既然您对未能录用我如此遗憾，为什么不给我一次面试机会呢？"不知是不是这封信起的作用，后来方华得到这个公司另一个更好职位的面试机会。

在方华与美国老板相处的过程中，他更是不失时机地用幽默技巧"化险为夷"，永远是快乐结局。有一天老板不小心把可乐打翻在办公室的地毯上，老板异常恼火，说蟑螂部队准保会因此大规模地袭击他的办公室。方华想了想，微笑着说："绝对不会发生这种事，因为中国蟑螂只爱吃中餐。"老板的脸色放晴了，高兴地朗声大笑。即使在意外发生时，幽默也是一枚开心果，让大家转忧为喜。

【职场智慧】

很多时候，幽默言辞都是在了解了欧美国家的文化背景和职场习惯后的即兴之作。职场沉浮多年，唯有幽默，那稍纵即逝的智慧火花，总是在关键的时刻闪现，助人们渡过许多难关。无论在任何时候，在任何地点，人们都需要用幽默去让自己的职场生涯更有趣味，并以此能够拉近与同事，与上级之间的关系。一个在职场中左右逢源的人，必定是一个风趣诙谐的人。在职场中，不论你从事什么工作，无论你是老板还是下属，幽默都能为你的工作创造价值。在工作中有效地运用幽默，能够提高工作效率，因为幽默有助于灵感的发挥，让工作充满乐趣，并解决工作中的难题。

别揭同事伤疤以为乐

袁若欢生性活泼，说话没有顾忌，结果养成了喜欢揭别人短处的毛病。袁若欢和李娜娜在同一家公司上班，两人经常在一起，所以导致李娜娜经常成为袁若欢的打击对象。

因为李娜娜受母亲的遗传很小就开始掉头发，尽管到处求医，花了不少钱，可现在头发还是脱落得差不多了，稀疏的头发下能明显地看到一片片头皮。为此，她不得不买假发戴上，而从此她的痛苦也开始了。为此，袁若欢常开李娜娜的玩笑，说她戴了一顶"皇冠"，有时还建议她去给假发染色，有时甚至要给她梳辫子等。

李娜娜对此一直很反感，但由于是好同事，她也不好发作翻脸，有时笑笑，有时说对方两句，大多数情况下只好忍着，但心里却异常痛苦。

有一次，单位搞聚会，袁若欢提出要看看李娜娜的"真面目"，她拒绝后，袁若欢竟拉住她强行解开了她的假发，李娜娜就跟袁若欢吵了起来。袁若欢老拿别人的身体缺陷来开玩笑，可能她也不是恶意的，但对李娜娜来说却是很深的伤害。从此，两人便彻底断绝友谊了。

你拿别人的短处开玩笑，放大别人的弱点，也许只是一时兴起，逗大家一乐，但是会给被讥笑的人带来或多或少的心理影响。与同事开玩笑时一定要注意，不应取笑他人的生理缺陷，例如驼背断足、麻脸等。也不要笑别人考试不过关，做生意倒了霉，或别人衣衫褴褛……对于这些东西，你应该显示你仁厚的同情心，去安慰、鼓励他们，让他们觉得你是个有情有义的人，他们会对你产生信任及尊敬，无形中你便建立了自己的魅力。

以幽默说服老板加薪

老刘工作积极，工龄5年，加薪是他渴望已久的事情。但是，他在厂里虽然从没有犯过什么过错，老板却根本没有给他加薪的意思。

为此，老刘非常烦闷，觉得自身价值没有得到认同。他曾多次在工作总结会上暗示过老板，但老板对此也没有丝毫反应。他打算明确地向老板提出加薪的要求，可是又觉得不太好意思，怕遭到拒绝，但是不说的话，又不太甘心，最后他还是鼓起勇气，委婉地向老板说明了自己的意思。

一天午餐时间，老刘"偶然"在餐厅遇见了老板，然后热情地和老板打招呼。老板看见老刘的餐盒里只打了一样菜，就说："老刘，怎么吃得这么少啊！"

老刘马上苦着一张脸，半开玩笑地说："谁叫咱挣得少呢，开源不行就节流吧！只是可怜我都这把年纪了，还得跟着年轻人一起减肥啊，哈哈……"

老板听后没说什么，只是笑了一下就离开了。老刘以为自己弄巧成拙了，没想到，月末，老板竟然为老刘加薪了，事情就这么简单而完美地解决了。

【明职智慧】

工作一段时间之后，每个人都渴望加薪升职，但是如何争取加薪的机会呢？如果在这方面，你一点技巧也不懂得，那就很有必要去学一学如何以幽默的口气去和老板谈加薪了。幽默地说服老板为你加薪，自己比较容易开口，老板也比较容易接受，再没有比这更好的选择了！

与幽默上司相处之道

【幽默故事】

人力资源主管老孙跟几位员工一起吃饭，几杯老酒下肚，员工小王就开始向老孙诉苦："昨天晚上我们加班，总经理一进门就给我们讲了个互联网上的陈年段子，这东西大家都看了 N 回了，当时怎么也笑不出来，可还得装出忍俊不禁的样子，在他抖包袱时还得看准机会哈哈狂笑一阵。"

旁边的员工也叹道："我们陪老总加班已经够累了，还得赔笑，做个好员工可真难啊！"

老孙是过来人，深知"百姓疾苦"，借着微微醉意他也实话实说："我跟一把手在一起时，万一他要兴致来了，我也是如临深渊啊！不过话又说回来，既然上司自以为有幽默感，我们就'曲意逢迎'好了，只要技巧运用得当，还是能哄得领导开心不已的！这对大家都好。"

传统观念中，领导给下属的感觉往往是不苟言笑、不怒而威。但事实上很多现代企业的主管却正好相反，他们在年轻化、时尚化的环境中自诩为"新人类"，热衷于跟下属打成一片，不但很少摆架子，还经常谈笑风生，有时甚至还来点冷笑话，让大家笑得直捧肚子。所以对于员工来说，无论在面试时面对幽默考官、在试用期是面对的顶头上司，还是在稳步上升时期，都应该学会识时务者为讨老板欢心，自然也识相地把幽默效果夸张。

以幽默免除领导责罚

【幽默故事】

纪晓岚是中国清代一位在正史和野史中都很炫人耳目的人物。他博学多才，风趣幽默。他任侍读学士的一年，在家中为父亲服丧守孝。春节前夕，他应一乡亲请求，为对方写了一副对联。上联是"惊天动地门户"，下联是"数一数二人家"，横批是"先斩后奏"。

这件事很快传到朝廷，传到乾隆皇帝耳中。乾隆火冒三丈，即便是春节也没有放过他，立即派人把纪晓岚押到京都金銮殿。乾隆一见纪晓岚便拍案大怒："纪晓岚！你知罪吗？"纪晓岚完全摸不着头脑，不知道怎么回事，但见乾隆龙颜大怒，只好连连叩头，口称："知罪！知罪！"

乾隆更怒，大声斥责道："好你个纪晓岚！本朝看你是人才，待你不薄，你竟借在家服丧守孝之机，公然写对联煽动乡民造反！"说完，吩咐左右："拉出去，砍了！"

直到这时，纪晓岚才知道怎么回事，原来是因为对联，他因此哈哈大笑。乾隆被他笑得莫名其妙，只听纪晓岚说："万岁请息怒，这副对联确实是我写的。但情况是这样的：我给写对联的这一家，有哥仨，都是光棍儿。老大是个卖爆竹的，爆竹一响，不是'惊天动地门户'吗？老二是个集市经纪人，专管人们买卖粮食时过斗的，这不是'数一数二人家'吗？老三是个卖烧鸡的，他杀鸡不就是'先斩后奏'吗？这有什么不可以的呢？"

听了纪晓岚这一番解释，加之对联风趣幽默，乾隆皇帝才龙颜稍悦，慢慢释怀。

【明职智慧】

这件事情真是有惊无险，多亏了纪晓岚的机智应变、急中生智，才能巧妙化解自己的危机。古代人用这招对付皇上，现在待人则可用这招搪塞领导的责罚，效果都是一样的。现代职场中可谓到处都暗藏危机。如果你触怒了领导，就需要机智、冷静，先弄清楚事情的前因后果，急中生智，用幽默化解危机。

让幽默成为一种力量

【幽默故事】

凯恩是一位极富幽默的警官，无论遇到什么案件或难题，在他手下总能迎刃而解。

一天，有3位女士争吵着来到警察局。她们不理会警官们的劝解，你一言，我一语，谁也不肯让谁先说。面对这样的状况，连局长都没有办法。这时凯恩走过来说："请你们中间年纪最大的一位先说吧。"3位女士听到这话，立刻闭了嘴。

又一日，某男子爬上纽约的一座大厦楼顶，做出要跳下去的样子，试图制造一件轰动全国的新闻。很快楼下便围满了人，包括警察、医生和记者。局长和警长轮番喊着话，并试图救险，那男人毫不理睬地叫嚷着："别过来！谁要是过来，我就跳下去！"

这时，凯恩带了一名医生走上前冲男子喊道："我们不打算阻止你，但是这位医生想问问你，你死后，愿不愿意把尸体捐献给医院？"只这一句话，那男子便默默地走下楼去了。

一天早上，在闹市区的一个路口，有个演说者正在发表演讲："如今的政治腐败透顶了，我们应把众议院和参议院统统烧了！"围观的行人越聚越多，严重地堵塞了交通。警察赶到时，马路上已经水泄不通。只听凯恩大叫一声："现在，请同意烧参议院的人站到左边，同意烧众议院的站到右边。"不到一分钟，人群便向左右两侧迅速分开了，道路豁然开朗。

不管遇到什么情况，凯恩总是能运用他的幽默和智慧轻松地处理。为此，他被评为警察局里的最佳警员。

【职场智慧】

不论你从事的是什么行业，也不论是个新手还是老手、经理或职员、董事长或小老板，幽默的力量都能为你的工作增色不少。它能帮助你含蓄而豁达地表现自己，帮助你成功地与他人交往和沟通，帮助你在逆境中将困难一一化解。可见，利用幽默，你会获得一次次成功的机会。具有幽默感的人能使自己对同事的行为保持乐观积极的态度，而不是着眼于同事的错误和缺点。你应该敞开胸怀，去了解、接受人们的小错误，增进相互间的关系。

用幽默端正众人态度

【幽默故事】

有一位年轻人新近当上了董事长。上任第一天，他召集公司职员开会。他自我介绍说："我是罗伯特，是你们的董事长。"然后打趣道："就像大家知道的那样，我生来就是个领导人物，因为我是公司前董事长的儿子。"

参加会议的人都笑了，他自己也笑了起来。

【职场智慧】

罗伯特的幽默，无疑消除了下属心中的偏见，也许他还不能证明自己的能力，但至少让员工们看见了他身为企业接班人的人格魅力所在。他以幽默来证明他能以公正的态度来看待自己的地位，并对之具有充满人情味的理解。实际上他委婉地表示了：正因为如此，我更要跟你们一起好好地干，让你们改变对我的看法。英国思想家培根说过："善谈者必善幽默。"幽默所带给人的魅力就在于：话不直说，但却让人通过曲折含蓄的表达方式心领神会。幽默不仅能给周围的人以欢乐和愉快，同时也可以提高个人的语言魅力，为谈话锦上添花。

用幽默化解职员摩擦

【幽默故事】

王璞和李毅是同在一家公司就职的同事。一次，两人因工作的问题发生了摩擦，气氛弄得很紧张。血气方刚的王璞怒气冲冲地将李毅拉到外面的走廊里，摆出一副要与李毅大动拳脚的架势。

李毅说："要打架我一定奉陪。但是，时间、地点及武器由我决定。"

王璞说："好，没问题，你定就你定，谁怕谁啊！"

"那好！"李毅接着说道，"时间就是现在，地点就在走廊里，武器空气。怎么样？"

王璞一愣，然后哈哈大笑，一场争斗就这样平息了。

【明职智慧】

在人与人的相处过程中，难免会发生一些小摩擦。当矛盾发生时，只有那些缺乏幽默感的人，才会把事情弄到不可收拾的地步。而幽默的人却不如此，他们总是能在不利的情况下，用幽默来润滑与他人的关系。如果你能够恰如其分地把你的聪明机智运用到幽默中来，使别人和自己都享受快乐，那么，你就会得到别人更多的喜欢和钦佩，在交往中避免很多不必要的损失和麻烦。幽默就是具有如此神奇的力量，能给你带来很多意想不到的好处。它不仅能使你成为一个受欢迎的人，使别人乐意与你接触，愿意与你成为朋友。幽默还是人际关系的润滑剂，能让你充分向他人展示自己的友爱和友善，使双方之间的相处变得更加活跃和谐。一句小小的幽默语往往可以起到许多别的话语无法达到的作用。

暗藏玄机的幽默

【幽默故事】

奉系军阀首领张作霖在面对日本人的恶意攻击时，也用了幽默的语言很好地回击了他们。

有一次，张作霖应日本人邀请出席酒会。在酒会上，这位东北"土皇帝"

派头十足、威风凛凛，使在场的日本人大为不快。日本人设计要当众羞辱张作霖，以发泄他们内心的积懑。

酒会场上，人头攒动。三巡酒过，一个日本名流离席而去。不一会他捧来笔墨纸张，定要张作霖当场赏幅字画。他们当张作霖是"土包子斗大字不识一箩筐，定然会当众出丑。

不料，张作霖接过纸笔，竟不推辞，写完后，冷笑两声掷笔而去，旁若无人地坐回自己的席位。众人齐看纸上写的是"虎"字，落款为"张作霖手黑"。

张作霖的秘书凑近张作霖小声说："大帅，您的落款'手墨'的'墨'字下面少了一个'土'，成了'黑'字了。"张作霖听了，两眼一瞪，大声骂道："你懂个屁！谁不知道在'黑'字下面加个'土'字念'墨'？我这是写给日本人的，不能带土，这叫'寸土不让'！"

在场的日本人听了，个个张口结舌。

【明联智慧】

像张作霖这样，面对恶语中伤或蓄意挑衅，采用精妙的冷幽默不仅可以巧妙解决尴尬，更可以有力地回击对方，令其毫无招架之力。在人际交往中，有些人出于某种用心，不怀好意地用语言挑衅，面对这种情况，不可气急败坏，也不要说不出话来，如果用轻松的冷幽默型语言进行反击，既确保人格尊严，又表现出敏捷的才思、宽大的胸怀。

晋升总是与幽默相伴

【幽默故事】

有一个客户总是跟一个公司的经理纠缠不休，经理感到非常厌烦，只是出于礼貌没有把他赶走。恰巧，一个职员走了进来。经理急忙向他伸出双手，大声地问道："小董，我的手上长了什么东西？"

小董回答："经理，那是皮癣。"

经理说："这可怎么办才好呢？"

小董说："经理，你的皮癣不好治呀，我看，你还是别治了，而且我还听说它会传染，看来，治也治不好了。"

那位客户听了，头也不回地走了

经理借助职员进来的机会，巧妙地"吓"走了"客户"。后来，经理将机智幽默的小董提升为办公室主任。

【职场智慧】

具有幽默感的人，都有一种出类拔萃的工作能力，他们能自信地运用这种力量，为自己的晋升增添有分量的砝码。适当地运用幽默，你也能取得职场的成功。

幽默的力量，能够改变一个人的未来，因为你的同事会认可并支持你，这样，你才能在轻松的环境中顺利晋升。职场中，人人都想成功，但并不是每个人都可以获得晋升的机会。在工作中，如果巧妙地运用幽默的语言，晋升的机会就会更多一些。

第六章　商场中的幽默

——让幽默成为财富的敲门砖

在商场中不仅要严阵以待，有时更需要用幽默来点缀。幽默感是工作中的调料，比如说幽默地向客户推销自己，在面对客户刁难的时候，用幽默的言辞让客户转怒为乐等等。可以说，幽默是你在商场中获得财富的敲门砖。

幽默助商务更上一层楼

【幽默故事】

老李是某公司的经理，他要在第二天与前来的客户进行一次商务洽谈。但是，在洽谈前的晚上，客户从餐厅回到宿舍，供水系统出现了问题。他们既不能洗澡，又不能喝开水，客户心情郁闷。第二天开始洽谈时，客户一声不响、毫无情绪。面对这样一些无精打采的听众，老李作了一个幽默的开场白："我还是第一次见到我们公司在晚上能为客户们举行那么热闹的联欢会，而我也是第一次发现那样的狂欢会竟然不能使我们的客户们快乐起来。"

老李的幽默感染了客户，这次商务洽谈进行得很成功。

【明联智慧】

幽默能助商务活动更上一层楼，就是借助幽默的言谈，为商务活动增添活力。现在商界人士越来越重视幽默在商务活动中的作用，它是人们在商战中登高的阶梯。在商务活动中，人们应该尽量选取那些让商务人员所喜闻乐见的幽默语言，这样，他们在欣赏时才能真正体悟到其中的意思。

幽默为商务活动助阵

【幽默故事】

做推销工作的张先生到王女士的公司拜访，见面时，王女士简直吓了一跳，因为张先生的身高足有190厘米，而王女士的身高只有158厘米，这实在是相差悬殊。

王女士马上说："哇！真没有想到，你长得这么高，我太羡慕你了！"

张先生也笑着说："不！是我太高了，跟你中和一下才显得比例平衡。"

几句幽默的话拉近了彼此的距离，有了这个良好的开端，推销活动得以顺利进行，最后，王女士从张先生那里定购了上万元的货物。

【明联智慧】

幽默的语言，不仅能让对方产生好感，也可促使商务活动获得成功。幽默不仅可以创造轻松的气氛，而且还能为推销活动创造一个良好的环境。更为重要的是，它就像一架梯子，助你继续向上攀登，取得商务活动的成功。

幽默制造商场和谐气氛

【幽默故事】

一个公司连续几个月业绩下滑，经理召开了一个特别会议。经理一脸严肃地说："各位，现在是我们加油的时候了。所以，我决定从明天开始，每天上午7点钟大家必须来到公司集合，等到8点钟的钟声一响，大家要立刻出发，到外面去跑推销！记住，一分钟也不能耽误。"

这时有一位业绩一直不错的推销员站了起来，问道："经理，我想知道的是，是时钟开始敲8下时，还是敲完8下就要往外跑呢？"

经理不好意思地笑了，后来，他再也没有以严苛的手段，让大家在工作之余跑销售了。

【明职智慧】

在商务活动中，谁都不可避免地要与他人接触。在与他人交流的时候，幽默能够制造友好和谐的气氛，促进商务活动的成功。在商务活动陷入困境之时，巧妙运用幽默的力量，同样可以促使其顺利进行。幽默的口才具有强大的感染力和吸引力，它能迅速地打开人们的心扉，让人们在开心一笑后，产生愉悦心情，最终促成商务活动的成功。

用幽默润滑商场人际关系

【幽默故事】

某商务公司的待遇很差，职工苦不堪言，和老板交涉了几次也没有结果。老板与职员的关系紧张起来，员工的积极性也不高。一天，一个部门经理针对最近迟到人数逐渐增多这一现象，对老板说："公司的职员简直没有办法在正常时间到公司工作。"

老板问："这是为什么呢？"

部门经理说："打车吧，觉得车费太贵；坐公交车吧，又挤不上去；而且每个月的公交车费，他们也负担不起，这可让他们怎么办呢？"

老板说："每天跑步上班，这样不仅可以锻炼身体，而且还能够省钱，这不是好办法吗？"

部门经理摇头说道："我看，这样也不行，因为鞋袜都走破了，他们买不起新的。"

老板问道："那你有什么办法吗？"

部门经理说："我有一个办法，就是在公司提倡赤足运动，号召大家赤脚走路上班，这个问题不就解决了么？"

老板说："荒唐，这怎么行呢？"

部门经理说："谁让他们是当职员的命，谁让他们坐不起公交车，谁让他们不能鞋袜整齐地到公司上班，他们都是活该！"

他的话让老板也不好意思起来，只好同意改善公司员工的待遇。

【职场智慧】

风趣幽默对商场中的人际关系能起到润滑作用，这种积极乐观的态度也是融洽职场人际关系的重要因素。在商场之中，由于各自的利益目的不同，员工与老板，员工之间的意见难免有差异，有时候还会发生矛盾。这时，只要巧妙地运用幽默，就能够缓解矛盾，化干戈为玉帛。

推销中无可代替的作用

【幽默故事】

有一位推销员到一个建筑工地去推销沙子，但是他却遭到拒绝，原因是该工地有固定的货源。10天后，这位推销员再次来到这个建筑工地，当他跨入工地的办公室时突然跌倒在地，有两袋沙子从口袋里淌了出来。

推销员指着地上的沙子说："你们看看这两袋沙子，我们的沙子多纯净，而且价钱一样，你们再看看自己定购的沙子，有那么多的杂质，可见两者的质量截然不同！"

于是，这家工地与他签订了沙子的购销合同。

【职场智慧】

推销商品是一件艰辛的工作，每一个成功的推销人员除了具备良好的业务能力外，还要有机智的幽默感。幽默地对待推销工作中所遭遇的困难，并以坚韧不拔、持之以恒精神对待，一定会取得推销事业的成功。

幽默是一支神奇的画笔

【幽默故事】

法国巴黎的一家市场里有一位卖肉的商人，他的肉摊不大，可顾客却宁愿排长队等着买他的肉。这是什么缘故呢？

原来这个卖肉的性格开朗，待人和气，语言诙谐幽默。卖肉时他嘴里总是说个不停。

"您好！年轻人，吃点什么？来点烤肉还是小牛肉？我看还是吃小牛肉好，又嫩又香。吃了小牛肉的男人会特别健壮。您说呢？"被他称为"年轻人"的先生是一位60多岁的老人，一听他这样亲切地招呼，心里很高兴，似乎连脸上的皱纹都笑得平展开来。当然，就多买了些小牛肉。之后，卖肉的又对另外一个人说道："您好！我心爱的，您今天气色特别好，5月到了，您去哪里休假啊？"被他称为"心爱的"是一位身体肥胖、稍有病容的老夫人。她唠唠叨叨起来，埋怨光阴似箭，自己觉得老了，但还是愿意别人叫她"心爱的"。肉摊主人又接着对她说："只要心不老，嘴不老，生活永远美好。"

就这样，每个到他的肉摊买肉的人都能听到一些使自己快乐的话语。人们虽然排着长队，却个个心甘情愿。

【幽联智慧】

语言是交际的工具，而幽默则是使语言熠熠生辉的"画笔"。在商场中，幽默热情的语言同样能让商人收获非凡成果。通过幽默语言引人发笑，可以使人们在笑声中得到情感的释放，获取美的感受。

好奇心助推销顺利进行

【幽默故事】

20世纪60年代，美国有一位非常成功的销售员乔·格兰德尔。他有一个很有趣的绰号，叫"花招先生"。他在拜访客户时，首先会将一个3分钟的蛋形计时器放在桌上，然后说："请您给我3分钟时间，3分钟一过，当最后一粒沙穿过玻璃瓶后，如果您不希望我继续讲下去，我就离开。"

他在推销产品时，会利用蛋形计时器、闹钟、20元面额的钞票等各式各样的花招，使自己有足够的时间让顾客能静静地坐着听他讲话，并对他所卖的产品产生兴趣。

【明职智慧】

在推销过程中，有经验的推销员都能使用幽默的语言艺术创造一种轻松愉快的场面。而当与客户产生意见分歧时，幽默的语言又能转移或搁置矛盾，化解或缩小分歧。同时，在阐述意见和要求时，幽默的语言既能清楚地说明自己的观点，又不致引起对方的不良反应。

推销员每促成的一笔交易，不但是工作的任务，也是对顾客的一种责任。事实证明，交易能否成功，在相当大的程度上都取决于推销员对客户进行诱导的方式。一般来说，善于使用幽默诙谐语言"卖关子"的推销员更容易成功，因为，没有人能抗拒好奇心的诱惑。

幽默，一份独特的艺术

【幽默故事】

一位推销员在向销售商推销某饮品。销售商问道："好喝吗？"

推销员答道："当然好喝。你若不信，你就尝上一杯，保证你会上瘾。"

销售商说："好吧，那就给我来一杯尝尝吧！"

推销员一边让销售商品尝，一边对他说："我建议你还是不要品尝，省得上瘾以后给自己带来更多的麻烦！"

销售商笑了，并和推销员签订了一个数目不小的订单。

【明职智慧】

在商业活动中，幽默的作用很大，尤其是在推销自己的时候，幽默技巧如果使用得当，就会给你带来很大的利益。有一位名人说，推销商品的过程其实就是推销自己的过程。首先把自己推销出去，顾客才能接受你的商品。而在这个过程中，巧妙地运用幽默，对你大有裨益。作为一个推销员，如果不能创造一个愉悦的推销氛围，就会导致推销活动的失败。在向顾客推销产品时，你完全可以先推销自己，这样才更利于推销产品。推销自己的时候，应适当发挥幽默技巧，因为幽默是一份独特的艺术，这份艺术能使对方对你产生良好的印象，并使交易的成功率成倍地提高。

灵活面对推销意外

【幽默故事】

某雨衣厂的推销员在一次订货会上向各地来宾介绍："本厂生产的雨衣，经久耐用，式样新颖。"但是大家都不愿在他这儿驻足，他着急了，急忙拿起一件雨衣往身上一披，模仿模特的步子走了起来，人们纷纷驻足观看。

谁知这件雨衣由于一直作为展品被试来试去，肩上已出现了两个破洞。推销员也注意到了，他微微一笑，向人们解释道："大家看见了没有？像这种质量不好的雨衣，我们可以包退包换。"

在这次展销会上，这位推销员签订了很多销售订单。

【幽默智慧】

在商务活动中，人们难免会遇到困难，有时还会面对他人不合理的要求。这时以幽默的方式来应对，会使你与顾客之间的关系更加和谐。幽默能活跃商务活动的气氛，减轻商务活动的压力，让商场的气氛变得轻松活跃，并能促成商务活动的成功。具有幽默感的人，能用幽默巧妙面对销售中的不利情况，使买卖双方在和谐的气氛下达成协议。在推销中，你也许会遇到许多压力，顾客的拒绝也是其中一种，利用幽默可以改变顾客的心理，顺利地将产品推销出去。

将幽默融入业务工作

【幽默故事】

有些业务人员的语言特别风趣：

推销调味品的："胡椒面、小茴香、花椒、八角和牛姜，不用香油不用酱，包的饺子喷喷香，两块钱一大两，买回家去尝一尝。醉倒新女婿，乐坏丈母娘。"

推销老鼠药的："现今的老鼠了不得，咬了你的箱咬了你的柜，咬了你家的大花被。你包了饺子要过年，它把饺子偷吃完，你舍得花上两块钱，家里的老鼠全玩完。"

【明眸智慧】

业务工作不仅充满艰辛，而且枯燥乏味，能否让业务工作充满趣味，关系到业务的成败，因此，在做业务工作时，适当地幽默语言能让业务工作变得风趣。巧妙地用一些幽默的语言，让人听了禁不住要开口一笑。这一笑，让工作充满了乐趣，缩短了业务人员与顾客的距离。

幽默，商业中的通行证

【幽默故事】

推销员张立谦在一次展览会上向大家推荐一种钢化玻璃杯。他首先介绍了这种钢化玻璃杯的最大特点就是强度高、不怕摔，即使扔到地上也不坏，人们都对这种新产品表示出极大的兴趣。介绍完产品后，张立谦为了证实刚才说过的话，也为了能够吸引更多的顾客，他决定当场为大家演示一下。只见他拿起一只玻璃杯猛地向地上一扔，可结果却大大出乎所有在场的人的预料，玻璃杯被摔碎了。因为他碰巧拿到一只质量不合格的杯子。

这样的事情在整个推销玻璃杯的过程中从未发生过，张立谦不禁大吃一惊，顾客们也都感到惊讶。他们虽然都相信张立谦刚才所做的介绍是真的，可是眼前的事实确实让他无言以对。

如果是经验不足的推销员，这时候可能就会红着脸向顾客们道歉了。

可张立谦没有。他知道如果自己惊慌失措地乱了阵脚，那结果就可想而知了，用不了3秒钟，所有的顾客就都会拂袖而去，交易也会因此而失败；前面所做的一切，全部会付之东流。

于是，张立谦马上对大家哈哈大笑。然后，他幽默地说："看来人缘很不好啊，同事故意摆放一个次品来陷害我。不过请大家放心，我不会像别人对我这样来对待大家的，像这样的杯子，你们想买我也不会卖给你们的。"

顾客们也都笑了起来，气氛也立刻变得活跃起来了。紧接着，张又连续扔出四个玻璃杯，都没有碎。顾客们相信了目睹的事实，提出订货，使得张立谦本次的推销活动获得了圆满的成功。

【明眸智慧】

这种随机应变的幽默，往往是对付客户最好的选择。要知道，没有比让客户开怀一笑更能推动购买率直线攀升的了！如果你是一名推销员，那么你每天都会与许多陌生的客户打交道。如何能引起客户的购买欲，让他接纳你的产品呢？制造幽默不失为方法之一。让顾客高高兴兴地掏钱买你的东西绝不是一件容易的事情，因为人在面对一件新产品时总是会存在抵触心理的，这时，唯有你的幽默能化解对方的疑虑。在你的推销员经历中，一定遇到过无数个棘手的顾客，但无论如何不要气馁，要记住用幽默来消除对方的抵触心理，引起他的购买欲，使他最终成为你忠实的顾客。

幽默地对待你的客户

【幽默故事】

小迪是一家餐厅的服务员。一天，一个男人走进餐厅，小迪问他吃点什么，他回答说要一份带有土豆和蔬菜的鸡。

小迪刚准备离开，他突然说："是烤鸡。"小迪点头表示知道了。

然后就向厨房走去。但是，这个男人又叫住他，说："不要做太多，也不要做太少，并且一定要做得嫩一点。"

小迪顺从地回答道："是的，先生，我这就去告诉厨师。"小迪再次向厨房走去，但是这个男人再次叫住他说："哦，我还要告诉你，我喜欢鸡腿。"

小迪回答说："先生，我都知道了，只是我不知道你是喜欢左腿还是右腿？"

这个男人不好意思地答道："那就随便吧！"

【明眸智慧】

在商务活动中，你会接触到很多客户，不论你喜欢与否，你都要认真地与之相处，运用幽默对待客户，可以消除与客户之间的陌生感，使整个商务活动充满轻松和愉快的气氛。反应迅速是幽默谈吐的特点之一，而一个思维敏捷的商务人员，总能够以自己幽默的谈吐对待顾客，赢取顾客的喜欢，取得对方的合作，这正是幽默的力量所在。

幽默彰显个人风范

【幽默故事】

小张新开了一家超市，需要雇用一位财会人员，于是他在报上登了招聘广告。第二天，他刚开门便进来一个中年人，他自称会算账，但考核结果却证明他什么都不会。小张有些生气地说："先生，你什么都不会，你还是走吧！"

中年人笑笑："不，你想错了，其实我是一个很有头脑的人，我觉得这么大的超级市场一定需要出谋划策的人，所以我就自动来了。"

小张想了想，说："好吧，既然如此，那你就给我们想个办法，该怎样才能把你打发走！"

中年人听后灰溜溜地走了。

【明眼智慧】

小张在面对他人的无理纠缠时，没有义正词严地拒绝，而是用幽默的语言说出自己的想法，这样既顺利地解决问题，又不会得罪他人。幽默的口才可以让你看起来更有风度，用幽默的话语，能够使他人平心静气地接受你的意见。在商场之中，风趣幽默的言谈必不可少。幽默的谈吐每每使人心头一亮，恍如流星划过夜幕，翩然美妙。你的言谈若充满情趣和机智，他人自然会感受到你的风范。

巧用幽默保己利益

【幽默故事】

在一次晚餐上，张总向一位恶意拖欠货款的客户催款。张总对他的客户说："老李，我们很感谢你与我们的交易，但是账款不能再拖了。"

客户说："张总，你再缓缓吧，我们现在资金太紧张了。"

张总说："你的还款日期已经过了 10 个月，时间也太长了。"

客户说："才 10 个月吗，不长不长。"

张总听了，幽默地说："10 个月呀，可以说我们照顾你已经比你母亲照顾你还要久了。"

客户无语，几天以后偿还了所有欠款。

【**明耻智慧**】

说话很重要，而说话的方法则更为重要，在这个世界上没有人不喜欢风趣幽默的语言。将风趣的语言平静地说出来，能够展示你良好的风度和风范。因为幽默的口才，不仅能够提升你的品位，增加你的魅力，更能在关键时候保住自己的利益。

以幽默的方式表达自己的观点

【**幽默故事**】

曾任美国总统的富兰克林在年轻时开过书店。有一天，当富兰克林正在印刷间工作的时候，他被店员叫了出来。

一个买书的人问："那本书最低多少钱，富兰克林先生？"

富兰克林坚定地回答道："1.25 美元！"

那个人大声说："1.25 美元！刚才你的店员还说是 1 美元。"

富兰克林说道："对，是 1 美元，因为你耽误了我的时间，这个损失比 1 美元要大得多。"

那个男子为了尽快结束这场由他自己引起的谈判，他再次问道："好吧，那么告诉我这本书的最低价吧。"

富兰克林回答："1.5 美元！"

那个人说："刚才你不是说了只要 1.25 美元吗？"

富兰克林冷静地回答道："到现在为止，我所耽误的工作和损失的价值要远远大于 1.5 美元。"

这个男子默不作声地把钱放在柜台上，拿起书本离开了书店。

【**明耻智慧**】

幽默的言谈避免了那些无谓的冲突，促进了人与人之间的谅解，并表达了你对自己和商品的自信。在商场中，不论你是普通成员还是核心人物，都能从幽默中深受益处，并以自信和幽默感赢得大家的喜欢。由于兴趣、爱好等的不同，各人的言谈往往都有着自己的风格和特色，那么，在与他人相处时，用幽默的言谈表达自己的观点就成了一种较为有效的方法。

点滴决定商务成败

在某食品商场，有个店员的营业额总是名列前茅，老板给他增加了工资。这引起了其他店员的不满，他们开始在老板面前说这个店员的坏话。

有一次，老板走到这位店员面前，说："你能向我解释一下，你为什么处理不好与同事之间的关系呢？"

店员说："因为我使他们生气了"

老板说："为什么会这样呢？"

店员说："原因很简单，你看。"

这位店员当着老板和顾客的面称两包糖果。第一包，他称了一磅糖果。在称的时候，拿掉多出来的糖果，第二包，他称了不到一磅的糖果，再把它加到一磅，结果顾客把钱扔到柜台上，拿起第二包糖果走了。

"就这样，"店员说，"我们之间是第一包和第二包的矛盾。"

这位店员采用幽默的方法，表达出他和同事产生分歧的原因。老板对他更为赏识，第二年年初又给他加了工资，并提拔他为店长。

【幽默智慧】

在商场中，也许不经意的点滴都会成为你能否成功的关键。正如上述小例子中的店员一样。也许你的客户所注意到的不是你刻意准备的言辞，而是你点滴的细节动作，而这些更成了你能否成功的争取到客户的关键所在。所以，注意你的细节，也许在无意之中，你已经打败了你的对手。

在幽默中成功

【幽默故事】

美国人赫伯·特罗在《幽默的力量》一书中提到这样一个生动的事例。

一位经验丰富的老推销员带着一位对业务完全生疏、慌里慌张的实习推销员去推销收款机。这位前辈看起来并不潇洒：身材矮小、圆圆胖胖、红彤彤的脸，可是言谈举止间洋溢着一种幽默的活力。

他们来到一家小商店，老板向他们喊道："我们不需要收款机！"这时，老推销员靠在柜台上哈哈大笑起来，好像刚听到一个世界上最好笑的故事一样，老板莫名其妙地望着他。

笑了一会，老推销员直起身子，微笑着道歉说："我忍不住要笑，您让我想起另一家商店的老板，他也说对这个没兴趣，可是后来他成了我们最好的主顾之一。"

随后这位老推销员津津有味地介绍了他的商品。每当老板表示对它没兴趣时，他就把头埋在臂弯里，咯咯地笑起来。然后他再抬起头，又说了一个故事，同样是说某人在表示不感兴趣之后，又买了一台新的收款机。

当时大家都在看这两位推销员。那位实习推销员感到窘迫极了，恨不得掉头就跑。他想："他们肯定会以为我们是一对傻瓜，而把我们撵出去。"可是那位老推销员继续哈哈大笑，把头埋在臂弯里，然后又抬起头朱，把老板的每一声拒绝都变成对往事的幽默回想。

最后，令年轻推销员惊诧不已的是，不一会儿老板居然同意购买一台新的收款机。后来，这次经历对年轻推销员产生了神奇的影响。每当他遇到棘手的事情时，就会想起那位老推销员，那圆圆胖胖的身材，微笑的脸庞又浮现在他的眼前，耳旁还响起那快活的意义深远的哈哈笑声，于是他就有了对待工作的幽默力量。

【明职智慧】

幽默是一个强大武器，你可以用它来争取到与客户的合作，但要注意在开口之前先试着判断客户是哪种类型和风格的人，并且在谈话中巧妙地插入幽默的谈话会使顾客喜欢上你。你也可以讲一讲个人经历而不是瞎编乱造一些无厘头的幽默故事。你还可以把幽默故事记录下来，这样你在下次同客户谈话时就能很快地记起有关上次谈话的内容。你还可以把问题变成机会。正确的幽默对你的帮助多大，错误的幽默对你的损伤就有多大。但要提醒的是：任何时候都不适于对不熟悉的人使用政治、种族或宗教幽默。幽默可以制造你与客户的笑声，使顾客在笑声中接受你的产品。如果你和爱挑剔的顾客打交道，幽默是最有效的工具，它能助你在笑声中赢得成功。

以幽默赢来好业绩

【幽默故事】

有一天，原一平拜访一位客户。一开始他就自我介绍说："你好，我是明治保险公司的原一平。"对方看了看他的名片，过了好一会儿，才慢吞吞地抬起头说："几天前曾来过某保险公司的业务员，他还没讲完，我就打发他走了。我是不会投保的，为了不浪费你的时间，我看你还是找其他人吧。"

"真谢谢你的关心，你听完后，如果不满意的话，我当场切腹。无论如何，请你拨点时间给我吧！"原一平一本正经地说。对方听了这话不禁哈哈大笑起来，说："你真的要切腹吗？"

"不错，就这样一刀刺下去……"

原一平边回答，还一边用手比画着。

"你等着瞧，我非要你切腹不可。"那位客户说。

"来啊，我也害怕切腹，看来我非要用心介绍不可啦。"讲到这里，原一平的表情突然由"严肃"变为了"鬼脸"。见此情景，客户开怀大笑，原一平也和他一起大笑了起来。

【明眸智慧】

原一平本来面对的是一个沉闷的推销气氛，客户显然对他们的推销很排斥。但是他用一句幽默的话语，同时配上搞笑的动作逗笑了客户，让两人之间的气氛瞬间轻松起来。会谈也因此变得愉快、顺利。善于运用自己的幽默来营造良好的谈话气氛，是优秀的推销员必备的素质。只有在欢快轻松的气氛中，才能更顺利地推销出自己的产品。

幽默让商务活动轻松愉快

【幽默故事】

有一个业务人员陪同外宾到一家中餐厅就餐，第一道菜是冷拼龙虾，他幽默地用英语向外宾解释说："这是小虾的祖父。"并很夸张地比画，表示是个很大的虾。外宾们笑了，一个聪明的女外宾猜到了是龙虾。

第二道菜端了上来，是清炖母鸡。这次，他用英语说："这是公鸡的妻子。"并学了几声母鸡叫的声音。外宾再一次被他的幽默逗笑了，这次一个男外宾猜出了是母鸡。

第三道菜是烤鸭。他又故技重施，说："这是鸡的堂兄。"他学了几声鸭子叫，并模仿了鸭子走路的动作……在整个上菜的过程中，他都用幽默的方式说出菜名。

这个业务员的幽默给外宾留下了深刻的印象，最终外宾选择了这家公司，合作完成一个项目的开发工作。

【明眸智慧】

高度的幽默感来自轻松自在的心灵，你必须懂得掌握幽默的精髓，才能真正挥洒幽默的魅力，让他人感到轻松愉快，并对商务活动的成功起到关键作用。有时候，一个简单的幽默，能够扫除紧张的气氛，并让商务活动顺利进行。

用幽默消除内心紧张

【幽默故事】

一次促销活动中出了一点小差错，老板气急败坏地大叫道："如果这次促销失败了，我要把你们一个个扔进海里喂鲨鱼……"

小汤听了，站起来转身就走，老板更生气了："你要去哪里?"

原先是要去洗手间的小汤马上改口说："到大海里学游泳!"

众人大笑，紧张的气氛马上缓和下来，老板笑着说："你真的以为我会把你们扔进海里吗?"

【明眸智慧】

幽默能引起人们的纵情大笑，消除内心之中的紧张感。如果你是一个能让大家感到轻松的人，你的魅力会远远大于那些刻板的人。富于幽默的言谈能够让你在面对任何事情时都不再紧张。从实际效果上看，这样更易于成功。幽默能营造轻松、愉悦的氛围，使他人置身其中时，能放松身心，缓和情绪。在商场中，运用幽默技巧可以消除紧张感，并使整个交易和交往的过程轻松愉快，充满人情味。

幽默让商务活动更有气氛

【幽默故事】

一家酒馆生意不好，门可罗雀，经理为此愁眉不展。一天，经理偶然路过一家书店，见书店在门的两旁贴有一副对联："为好书找读者，为读者找好书"。他的眼睛一亮，心中有了主意，他回到酒馆后，叫工作人员写了一副对联，贴在了酒馆门口的两旁。

第二天，店门口围了很多人在议论，原来对联写的是："为好酒找酒鬼，为酒鬼找好酒。"

从此，这家酒馆生意兴隆。

【明联智慧】

在商务活动中，幽默的口才能够激发人们的想象力，增进人们之间的感情。借助幽默，能够让你轻松地应对商务活动，并使忙碌的商务活动变得十分有趣。幽默能够调节人们的情绪，让人更轻松地应对商务活动，并能把商务活动做得风生水起。

幽默让商务活动更有趣

【幽默故事】

一个房地产经纪人陪同他的顾客来房源处，他对顾客说："诚信经营是我们公司的一贯原则。对于房子的缺点，我绝对不会对你隐瞒。"

顾客问道："那么，这幢房子有什么缺点呢。"

经纪人说："首先距离这幢房子一公里的北面有一个养鸡场，西面有一个污水处理厂，东面有个化肥厂，而南面则是个腌酱菜的厂子。"

顾客点点头："那么，它又有什么优点呢？"

经纪人笑着说："那就是，你随时都能判断当天的风向。"

顾客笑了，他放心地买了这套房子。

【明眼智慧】

我们都是喜欢幽默的人，因为它能带给我们快乐，而且，当你有良好的幽默感时，你的身心将会更健康。忙碌的商务活动常使人身心疲惫，有时还会造成人们内心的紧张感。如果用幽默与他人交流沟通，可以让商务活动变得更有趣。

用幽默语言反驳无理顾客

【幽默故事】

一位母亲怒气冲冲地闯进一家商场，她来到销售糖果的营业员面前，大声地向她吼道："我儿子总是在你们这里买糖果，为什么他每次买的糖果都缺斤少两？"

营业员并没有惊慌，她仔细想了一下，猜出了其中的原因。于是她礼貌地回答："这位大姐，请不要生气，你为什么不称称你那个宝贝儿子，看他的体重是否增加了？"

这位母亲先是一愣，然后就明白了是怎么一回事。

【明眼智慧】

幽默是人际关系的润滑剂，有时利用幽默反驳对方无理的观点，不失为一种好方法。面对形形色色的顾客，不直接表达对对方所提苛刻要求的不满，而是按照对方的思路，用幽默的方法对顾客进行劝说或反驳，可以减少与顾客的摩擦，让商务活动更顺利地进行。

用幽默化解顾客疑虑

【幽默故事】

一位房地产经纪人在一栋新楼房前向一对夫妇介绍房屋，他向这对夫妇夸耀道："这里空气洁净，住在这里肯定都能长寿。"

正在这时，他们看见一户人家正在忙碌地搬家。这对夫妇向经纪人问道："这是怎么回事？"

他回答道:"你们看,他多可怜呀,他是这儿的医生,因为没有病人光顾,不得不搬家了!"

这对夫妇打消了疑虑,决定购买这套房子。

【明眸智慧】

这位房产经纪人利用自己敏捷的反应以及随机应变的能力,幽默地说服了心存疑虑的顾客。如果每一位推销员都有这样开朗洒脱的心境,又何愁产品销路不畅呢?疑虑会使顾客产生不快,给商业活动带来不必要的麻烦。此时,商务人员用一句幽默的话语就能令顾客会心一笑,让疑虑化为乌有,争取到顾客的合作。在商务活动中,当顾客表现出疑虑的情绪时,可以用幽默来化解。这样可以为商业活动营造良好的气氛,联络与顾客的感情,达到商务活动的目的。

幽默广告回味无穷

【幽默故事】

有一则牛奶广告运用了幽默的手法:一个可爱的小男孩馋涎欲滴地看着桌子上的一罐牛奶,牛奶罐上印着一个小男孩的头像。这个小男孩在睁大眼睛看着牛奶的同时,嘴里还在不停地念叨着:"在看我,在看我,还在看我,再看我就把你喝掉!"

其实是他一直在看着那罐牛奶,最后,他经不起香甜牛奶的诱惑,一把抓起了牛奶罐,咕咚咕咚地喝了下去。

这则牛奶广告赢得了众多小朋友,甚至成人的喜欢,

【明眸智慧】

现在的广告多数平淡无味,观众不会留心这样的广告。如果在广告制作中加入幽默的元素,一定能提高广告信息的宣传效果,令自己的商品为大众所接受。在广告中加入幽默的成分,可以打动观众的心;带有强烈色彩的幽默语言或画面,能够贴近顾客的心理,使消费者在笑声中认识商品。现在,不管是电视、广播电台,每天都会出现成千上万的广告,当然,其中最能吸引你的是具有创意极高的趣味情节的广告,它能让人在开怀大笑的同时,加深对商品的印象。

第七章　家庭中的幽默

如果家是温馨的港湾，那幽默就是港湾偶尔翻滚的波浪：如果说家是一首爱的赞歌，那么幽默就是其中欢悦的音符。有幽默的地方就有笑声，家更需要幽默。

家有幽默妻，可抵万金

【幽默故事】

有一位大老板，生意失败后负债破产。他整日沉迷在失败的悲痛中，不知道自己什么时候可以东山再起。落魄的他不愿意连累年轻貌美的妻子，多次向妻子表示要分开，妻子坚决不答应。

由于经济拮据，只能买便宜的米来煮饭吃，于是每餐的米饭里都带有不少的谷壳。每次吃饭，他总是要花很长时间先把谷壳挑出来，然后才把饭盛给妻子吃。但是妻子还是会不时吃到坚硬的谷壳，他心中很不安，愧疚地问她说："亲爱的，对不起！今天饭里面好像又有很多谷壳吧？"

谁知他的妻子却微笑着摇摇头，撒娇地说："不会啦！也有很多米饭呀！"他听了，眼眶泛红，说不出话来，只是下定决心从头做起，让妻子过上富足幸福的生活。5年以后，他的连锁店开遍全世界。

【明眼智慧】

女人恰当的幽默不只能给家庭生活带来无尽的欢乐，更能够给一个家庭带来希望和信心。尤其是在一个家庭面临危机的时候，女人的乐观，往往能化解男人的挫败感和失败感，给男人继续奋斗的勇气。幽默的女人会格外受到命运的青睐。这样的女人不仅是快乐知足的，也会因为她的幽默是包容和智慧的，让她身边的人愿意和她厮守一生或互相照顾。自然地，她的生活就越来越幸福。

幽默，醋意的中和剂

【幽默故事】

一位刚刚荣升某大企业总经理的人，一天和妻子开车去野外兜风，放松心情。

半路上到一个加油站加油。男人说自己有些累了，想休息一会儿，就叫妻子下去加油而自己留在车上。没想到妻子和加油站的老板有说有笑，非常开心，而且临走时还互相握了一下手，这时他就心生醋意。等到加完油，妻子回到车上。

"刚才你和那个站长真是有说有笑啊!"男人不高兴地说。"噢,他是我的高中同学,还有过一段感情!"妻子回答说。

"你呀,如果当初嫁给他,现在就只是加油站站长的妻子,哪里会是总经理的妻子呢!"他有点吃醋地说。"你要搞清楚,如果我当初选择了他,现在当总经理的就不会是你,而是他了!"妻子很认真地回答。

【明眸智慧】

幽默吃醋法也要把握分寸,如果是醋意大到敏感的地步,以至于影响到夫妻之间的情感就会失去其原本的作用。对于爱吃醋的一方,可以借用幽默避其锋芒,拐弯抹角地将对方的醋意轻轻弹压一下,而又不刺伤对方,同时也可以消解对方的妒意,维护双方的感情。

用幽默调教"懒夫"

【幽默故事】

有一位丈夫下班后回到家,见妻子还没回来,就打开电视机等着妻子回来做饭。

妻子进门后也坐下来看电视,想歇一会儿再去做饭。过了一会儿丈夫的肚子开始"咕咕"叫起来,就催促妻子说:"快去做饭吧,我饿得受不了啦!"

妻子说:"那你帮我一块做。"

丈夫板下脸来,威胁地说:"你再不去做,我可要上馆子去吃了!"

妻子说:"好吧,请你等10分钟。"

丈夫取得了胜利,高兴地说:"你真是越发能干了,10分钟就能做好饭吗?"

妻子说:"不,10分钟我就能打扮好陪你上饭馆了。"

丈夫无可奈何地一笑,只好帮着太太做饭。

【明眸智慧】

虽然说一个成功男人的背后一定有一个能干的女人,但是这个能干的妻子也不是白白操劳的。对于那种不体谅妻子辛劳,不仅不做饭,还对饭菜挑三拣四的懒惰男人,要坚决改造。当然,最好的法子莫过于以"幽默"作为尖针,

"戳破"他日渐膨胀的大男子主义习气。

"接吻是不能永久持续下去的，可饭却是要天天吃的。"这是英国19世纪著名作家梅瑞狄斯的一句名言。的确，由恋爱进入夫妻生活以后，恋爱阶段的花前月下不可避免地要为油盐酱醋茶所取代。如何分配家务劳动，使男人保持婚前的勤奋，就要妻子充分施展幽默智慧，共同营造一个幸福的家庭。

用幽默应对妻子的"专政"

【幽默故事】

有一个人走夜路遇到强盗，强盗拿着刀子逼他交出身上所有的钱。他苦苦哀求："你把我身上的钱全拿走了，我回去怎么向太太交代？我太太不会相信我遇到强盗的。"强盗也苦笑着说："废话，你认为我太太会相信我没有抢到任何东西吗？"

【明眸智慧】

这个故事体现出现代家庭关系中的一个通病——"妻管严"。"妻管严"的滋味确实不好受，男人这也不能做，那也不能碰，否则便捅了马蜂窝般遭到妻子的白眼、嘲讽甚至是训斥。忍着吧，总是有损男子汉形象，并且一味容忍会致使妻子的脾气与日俱增。试试幽默话语的力量吧，用诙谐的理论从妻子手里夺回"一方城池"，在心爱的女人面前就范，在水深火热中不时地反抗几下。聪明又宽容的男人其实最清楚，他们是以这种大智若愚的姿态来面对和处理不可能不发生摩擦的夫妻关系，这是一种生活的智慧。

以幽默方式向妻子"低头"

【幽默故事】

一次宴会上，林肯和他的夫人面对面坐着。林肯的一只手在桌上来回移动，两个手指头向着他夫人的方向弯曲。

旁人对此十分好奇，就问林肯夫人："您丈夫为何这样若有所思地看着您？他弯曲的手指，来回移动又是什么意思呢？"

"那很明显，"林肯夫人答道，"离家前我俩发生了小小的争吵，现在他正在向我承认那是他的过错，那两个弯曲的手指表示他正跪着双膝向我道歉呢。"

【明联智慧】

家庭生活中，幽默说话不仅可以带来欢乐和微笑，它还是一座平衡家庭关系的"天平"，让家庭之舟行驶得更加平稳、和谐。家庭不是一个人，其中的成员也难免会有冲突，但只要不是涉及原则性的大事儿，能包容就包容吧！"宰相肚里能撑船"，对老婆做些适当的让步，不仅不失男子汉的威严，反而显示出男人的豁达与风趣。伟人尚且如此，何况普通人呢。一个幸福的家庭，一个和睦欢乐的家庭，才是男人的无价之宝。

亲子沟通，幽默助阵

【幽默故事】

晚饭后，孩子和老爸摆开阵势下象棋，对弈之始，性急的儿子只顾将前面的小兵勇往直前，后面的具有强大威力的棋子却一个都没动过，如果那些杀伤力极强的棋子被小兵远远抛离的话，前后的兵力就无法及时接应，就会出现不可收拾的局面，孩子想不输都难啊！在一旁观战的妈妈虽然着急，但却没直接提醒他，只轻描淡写地对孩子说："怎么了？你想留着这些威力大的棋子看家吗？"孩子恍然大悟，一拍脑袋，立刻还以幽默的对答："是啊！家里的小孩子都跑出去了，没大人照顾会很危险呢！好！我就让'舅舅'（儿子的舅舅属马）出去保护这些可爱的小孩子喽！"边说边把马走出去了。

【明联智慧】

幽默是父母与孩子沟通的有效方式。世界上有人拒绝痛苦，有人拒绝忧伤，但绝不会有人拒绝笑声。幽默沟通不是大人的特权，与孩子之间的沟通交流也应该妙趣横生。孩子是爱情的结晶，是家庭中最具活力的成员。孩子有纯真的心灵，孩子本身就能给父母带来无尽的欢乐。和孩子的沟通中要注意培养孩子的幽默感，使孩子养成乐观开朗的性格和与人为善的品质。

幽默中看孩子的成长

【幽默故事】

错过妻子生日的丈夫偷偷溜进孩子的房间，晃动手中的糖果，对孩子说："宝贝儿，告诉爸爸，晚上妈妈过生日时提到过我吗？"

"你要我把坏的字眼都省略掉吗？"

"是的。"

"好，那妈妈什么话都没有说。"

爸爸微笑着抱了抱自己可爱的孩子。

【明职智慧】

幽默的语言是父母与孩子之间一种新的共同语言。幽默是生活中一种快乐的味道，是一种调节心情的调味品。有了幽默，平淡的生活也变得五光十色。一个称职的家长要做的是，了解自己的孩子，不要轻视孩子所做的那些能让你开怀大笑的"傻事"，应该鼓励孩子的幽默，对他们的幽默感做出肯定的表示。从一个孩子认为父母无所不知、无所不能，到他能以幽默的方式与父母交流，是一个可喜的变化，这说明他成长了。

用幽默代替大道理

【幽默故事】

丈夫在看晚报，当他读完一篇《女人的寿命比男人长》的文章后，便问妻子："我真不知道为什么男人要先走一步？"妻子解释道："总得有人留下来收拾衣服吧！"

【明职智慧】

在家庭生活的每时每刻，只要你顺着对方的言谈举止，用貌似合理实则荒谬的道理轻轻一推，歪理便出来了，幽默也就产生了。家庭不是讲理的地方，夫妻之间不需要太多严肃认真、正儿八经的是非理论，却常常不可少了嘻嘻哈哈、"胡说八道"的歪理幽默。在许多幸福的家庭中，妻子或丈夫恰恰是凭满腹歪理、满口胡言赢得了对方的欢心。而终日正襟危坐、不苟言笑、近乎冷漠的人则很难赢得爱人的欢悦。当然，这并不说夫妻之间就纯粹是善恶不辨，美丑不分的，而是说家庭之中夫妻之间更讲感情。在适当的时候讲出一些歪理，家庭生活就会变得幽默无限，趣味盎然，生机无限。

用幽默诠释亲情

【幽默故事】

一天，丈夫外出，穿了件崭新的白上衣，没料到遇上倾盆大雨，把全身淋透，不但成了个落汤鸡，上衣还粘上了很多污泥。

到了家门口，看门的狗狂吠不止，并向他扑来。丈夫很生气，正想拿起一根木棒打它时，妻子出来说："算了吧，别打它。"

丈夫生气地说："这条狗真可恶！连我也认不出来了。"

妻子说："亲爱的，你也要设身处地为它想想，假如这条白狗跑出去变成一条黑狗回来，你能认得出来吗？"

【明眸智慧】

妻子把丈夫比作了狗，但这并不是嘲讽他，而是夫妻间一种亲昵的举动。妻子用这个小小的幽默来表达对丈夫被雨淋了的关心。丈夫当然不会责怪她，反而会被这种幽默逗笑，在妻子深情的关怀面前，丈夫被雨淋成落汤鸡的不快也会化为乌有。

常常有人问："'爱的喜剧'是什么意思？"赫伯这样回答："如果我们花许多时间、劳力、金钱，来使我们能去爱别人，那就是喜剧；如果我们只花很少力气去使我们显得可爱，那就是悲剧。"心理学家弗洛姆写过，人想的多半是被爱，较少想到自己爱的能力。如果你是一个女人，作为人妻、为人母，你有时会抱怨说你已经受够了那些永远做不完的家事，一堆吵吵闹闹的小毛头，电视机老是转到棒球赛的频道。你可以抱怨，可是抱怨一点用处也不会有；而如果你用对亲人的爱来接受它们，这便就是上演了爱的喜剧。

用幽默表达关怀

【幽默故事】

一对夫妻结婚18年了，妻子为丈夫煮了18年的饭。最近妻子煮了生平最难下咽的晚餐：菜烂了，肉焦了，凉拌菜没有一点咸味。丈夫默默地坐在饭桌旁嚼着，一言不发，她心里很自责。而当她正要收拾碗碟时，丈夫却突然把她一抱，吻个不停。

"这是怎么一回事？"她问。

"哈！"他答，"今晚这顿饭跟你做新娘子那天煮的一模一样，所以我要把你当新娘子看待。"

【幽默智慧】

丈夫这一番幽默所表达的爱和关怀胜过任何没头没脑的责备。幽默，让妻子品味出浓浓的爱意，感受到无比的幸福。

现在，随着生活节奏的加快和人们时间观念的加强，有些夫妻两个人工作都很忙，在一起的时间少了，如果两人之间不加强交流，久而久之就会出现一些不必要的问题。这时不妨准备一本家庭留言簿，把对对方的爱和关心用幽默的方式表达出来。关怀需要表达。借助幽默你能让自己所爱的人在会心一笑中感受到浓浓的爱意和温暖的幸福。

用幽默表达意见

【幽默故事】

有一位先生回家时，装作气喘如牛的样子，却又得意扬扬地对妻子说"我一路跟在公共汽车后面跑回来，"他喘着气说，"这一来我省了一元钱。"

他妻子笑着说："你何不跟在计程车后面跑，可以省下5元钱！"

【幽默智慧】

当你以幽默的言语与亲人交流时，你可以制造机会并获得你想要的东西。幽默的言语有助于增进家人之间的感情。幽默是一种灵活的表达方式，他可以明确而又温和地表达出你对亲人的看法。让亲人平和地了解到你的想法，重新审视他们自身，改正他们的错误，弥补他们的不足。

培养另一半的幽默

【幽默故事】

一个姓孙的男人不幸有一个爱唠叨的妻子。一天，孙某因为下班后帮助朋友办了件事而晚回家一个小时，一进门便撞上了老婆无休止地唠叨：这年头男人都喜欢不回家，眼巴巴想在街上等一个三陪小姐拉着下馆子、钻旅馆，多少家庭就这样离的离、散的散；老公你可不能对我昧了良心，我可是死心塌地地跟你，真心爱你的。我一日三餐为了啥，还不是为讨你欢心吗……

劳累了一天的孙某一听就烦了，但他没有正面解释，而是诡秘一笑，说："还真让你说着了，还真有这么一个人拉我上他家一趟。"妻子一听就愣住了，忙走过来狠狠地问："是谁？"孙某哈哈大笑："就是那个小张，他让我帮他搬家具。亲爱的，我真为你自豪啊！因为你看你都快成联合国秘书长了，操心那么多大事。"

【明联智慧】

孙某的幽默肯定会刺激妻子的神经，从而引起她的警醒和对自己的反省。培养唠叨女人的幽默感，需要一个过程。丈夫要首先学会并积极使用幽默，用幽默的家庭氛围去感化她、熏陶她，另外家里可以买一些幽默的书报杂志，因为缺乏幽默感的妻子常是一些品位不高雅、爱唠叨的女人。她们说话有口无心，沉醉于自我宣泄之中，全然不顾自己说了些什么，说得是否巧妙，是否正确，也不顾别人有什么反应等等。要改变她们这种说话习惯，除了增加她们的文化修养外，还要给她们灌输一些幽默感和幽默技巧，帮助她们形成说话的幽默性是最便捷而有效的方法。

让孩子成为主角

【幽默故事】

一个小男孩回到家里，一手拿着一个冰激凌，母亲问他："你把钱都花光了吗?"

"什么钱也没花。"男孩回答说。

"有人送给你的?"母亲问。

小男孩摇摇头。

"不会是你偷来的吧?"

"不是。"

"那么你手上的冰激凌是怎么来的呢?"

"我告诉售货员小姐说,我这左手要个巧克力的,右手要水果的。然后我说她可以自己伸手到我口袋里拿钱;但是请当心,别碰到我心爱的小蛇。"

【明眸智慧】

儿子的幽默会让母亲大笑一番,可是家长对类似上面故事中孩子的行为也要适当地加以引导和教育。有时候,面对孩子的诙谐潇洒,你几乎无法拒绝。孩子在童年时候是最可爱也是最调皮的时候,有时候他们的话语常常成为一个家庭一天的笑语。让孩子成为家庭的主角,成为主宰者,记录他们的成长,在他们长大以后,作为父母的看到这些幽默的童言童语也会开怀大笑的。

用幽默化解夫妻矛盾

【幽默故事】

两口子吵架,妻子闹着要同丈夫离婚。他们去县法院的路上,要经过一条不深但很宽的小河。

到了河边,丈夫很快脱掉鞋子走入水中。妻子站在岸边,瞧着冰冷的河水,正愁着怎么过去。丈夫回过头温和地说:"我背你过去吧。"

丈夫背着妻子过了河。他们没走多远,妻子说:"算了,咱们回去吧!"

丈夫诧异地问:"为什么?"

妻子不好意思地低着头说:"离婚回来的时候,谁背我过河呢?"

【明眸智慧】

幽默和温和的言语一样,在夫妻之间发生矛盾的时候,幽默所表达的是一种委婉的妥协,既不损及自己的颜面,又能同爱人友好地和解。夫妻之间,幽默总是能够迅速地弥补双方之间的个性差异与感情裂痕,拉近双方的心理距离。

用幽默反击伴侣讽刺

【幽默故事】

妻子咬牙切齿地大声骂她的丈夫："我真是个瞎了眼的蠢女人，怎么和你这种男人结了婚？"

"啊！一点也不错。"丈夫答道，"我也是瞎了眼才娶你这种女人。更糟的是，我竟然没能及时发现！"

【明眸智慧】

妻子以自辱的方式骂丈夫，丈夫通过以其人之道，还治其人之身的幽默技巧来维护自己作为一个男人的尊严。返还幽默的技巧不仅在夫妻激烈的争吵中被使用，还常被夫妻用在斗嘴中。

用幽默为夫妻生活添加风趣

【幽默故事】

一位公车司机工作十分勤奋，每天都早出晚归。一日，当他满身疲惫地回家时，发现妻子留下了一张纸条：

每天那么晚才回来，真受不了！食品和啤酒放在冰箱里，我的身体和爱情在被窝里。

——你的妻子。

【明眸智慧】

妻子把食品、啤酒、身体和爱情并列在一起，幽默地暗示丈夫吃食品喝啤酒，不要忘记了妻子需要丈夫的爱。当你觉得爱情生活变得日益平静的时候，你可以用幽默来打破这种死气沉沉的平静。有的夫妻很懂得怎样保护自己的幸福，保持爱情的活力。他们以幽默来代替粗鲁无礼的语言，解决日常生活中的分歧。虽然他们也相互挑剔，也会产生纷争，但是经过由幽默产生的情感冲击后，一切纷争都显得微不足道了，经历了冲击后的爱情生活反而显得更加活跃。

家中小事皆可幽默

【幽默故事】

有一对年轻夫妇，因家里只有一台彩电，男的爱看球赛，女的爱看电视连续剧，这样就摆不平了。最后当然是丈夫让步。

不过这位丈夫还算有心计，平日一有机会，他就向妻子灌输点体育知识，谈谈球赛趣闻，久而久之，妻子的兴趣果然被他挑动了，有时也跟他一道收看体育比赛的节目，那真是夫唱妇随了。到了4年一届的世界杯足球赛时，妻子的眼睛已经被精彩的比赛吸引了，这时，他才煞有介事地对妻子说：

"看你这个高兴劲儿，我想起了一句老话。"

"什么话？"

"知足常乐！"

"怎么会想起这句话呢？"

"知足常乐嘛，就是知道足球以后，就会常常乐了呗！"

【明职智慧】

家里的大大小小的事情都可以成为人们幽默的工具，甚至小到事例中的足球赛。无论什么事情，只要配得上家庭中富有情趣的调侃就可以为人们的生活增添乐趣，这样的生活才是风情万种、阳光无限啊！

求同存异，幽默表达

【幽默故事】

有一位先生对朋友说："我太太和我总想不到一块儿去。我们手头有一笔钱，她想要一件新的真皮大衣，而我想买一部新车子。最后我妥协了，我说：买一件真皮大衣，然后把它收到车库里去吧。"

【明职智慧】

表面上两个人的愿望都没有实现，实际上丈夫通过幽默的方式向太太妥协了。他们通过较为幽默的方式解决了问题，避免了夫妻各自为政的局面。

所以当夫妻之间有什么不同意见时，不妨幽默一些，一起来笑笑你们的不同。

长辈对晚辈的幽默

【幽默故事】

一家人正在吃饭，儿子十分感慨地说："外国人就是比中国人文明，即使在使用餐具上也能体现出来。外国人用的都是金属刀叉，而我们却用两根竹筷子，明显缺少分量。"

父亲听到这话很生气，但他没发火，他说："这个问题好解决。"然后，他拿起夹碳用的火钳，一把塞给儿子说："给，用这个吃，这也是金属的，分量也够！"

【明职智慧】

长辈对晚辈的幽默常常可以用一种"打是亲、骂是爱"的方式表达出来，正如故事中的父母，他没有直接训斥儿子崇洋媚外，而是巧用幽默进行曲意的批评，这样更易于使儿子接受。父母对孩子拥有监护权，孩子有错要管教，但是关键还是在于让孩子明白事理，简单地打骂和训斥不但达不到教育的目的，有时还会伤害子女的自尊，引起他们的逆反情绪，就会更加不利于子女的成长和发展。

晚辈对长辈的幽默

【幽默故事】

孙子很爱吃奶奶做的包子，但对她焖的米饭很失望。他幽默地对奶奶说："奶奶，您做的包子馅多，好吃，一看到它我就流口水。"他的奶奶听了以后很高兴地说："那是啊，你奶奶做包子可是有几十年的功夫了。"孙子接着说："奶奶，您焖的米饭更好，可以起个好听的名字叫'三层饭'吧。"老人不懂什么是"三层饭"，孙子笑了："上面一层烂，中间一层生，底下一层焦，这不正好是'三层'吗？"奶奶笑着对着孙子的手心打了一下："你这张小嘴，还笑话我呢，咱们北方人就是不太会焖米饭啊。"

【明眸智慧】

长辈与晚辈由于出生时代不同，知识结构上也存在差异，对事物的看法总是不一致的。有时候长辈的思想也可能确实跟不上时代。晚辈看长辈，不能认为长辈迂腐可笑、啰里啰唆、思想僵化。当晚辈不理解长辈的意思，不同意长辈的看法时，要善于运用幽默的方式表达不同的意见。但不管怎样，要处理好和长辈的关系，就首先要有一颗尊敬长辈的心。

"怕老婆"的幽默

【幽默故事】

一日，一家三口看《动物世界》，儿子指着屏幕上的老虎对爸爸说："爸爸，瞧那老虎多精神，整个一个健美冠军！"爸爸忽发灵感："你老爸就是那只虎，威风八面，王者风范，真是顺我者昌，逆我者亡……"当爸爸正手舞足蹈时，突见老妻杏眼圆睁，柳眉倒竖，满脸的山雨欲来风满楼之色，赶紧斜倚虎躯，伸出虎爪，清清虎嗓，哑声细雨幽默地说："是这样，我还没说完，如果你觉得做虎妻屈才了，那你就当武松吧！"

【明眸智慧】

丈夫一语道破天机。他说的话实在不是因为情动于中，而是因为外界形势所迫。但是，他这种行为在为人妻者看来实在可作为温柔体贴的典范。其实怕老婆的幽默源远流长，也因为这一话题萌生出很多笑料。但细分析来，怕老婆未免是一件坏事。一方面它是女性地位得到了肯定，另一方面，适度地、有节制地怕老婆，则显得丈夫一片爱意。此外，在社交中，有些人还能借此话题巧妙地调侃自己，树立自己可爱的形象。男人怕老婆，作为一种无伤大雅的戏谑，是"幽默创作史"上一个永恒的话题。

缓和气氛的金玉良言

【幽默故事】

台湾诗人余光中育有 4 女，再加上妻子，家里十足的阴盛阳衰。好在余光中已习惯与 5 个女人为伍、沙发上皮包和发卷散乱地放着、浴室里弥漫着香皂和香水的气味、餐桌上没有人和他争酒等等，都是天经地义的事。所以余光中戏称自己的家为"女生宿舍"，称自己为"舍监"。

由于家中的电话装在余光中的书房，所以他总是忙得不可开交："四个女儿加上一个太太，每人晚上四五个电话，催魂铃声便不绝于耳了。我就像个现代殷洪乔，成了 5 个女人的接线生。有时我也想回对方一句'她不在'，或者干脆把电话挂断，可又怕侵犯了人权，何况还是女权。在一对五票的劣势下，怎敢冒天下之大不韪？"

【明眸智慧】

在余光中的满腹牢骚中，人们分明可以听出他作为家中唯一一名男性的自得与骄傲。与其说他是忍气吞声为家中的女人们忙进忙出，不如说他是心甘情愿为家中的女人们吃苦受累；与其说他忙得焦头烂额，不如说他是忙得不亦乐乎。聪明的余光中是以正话反说的方式向妻女"谈情说爱"的。两个人走到一起，相爱并结为夫妻，只是万里长征刚刚走完了一小段。幸福的婚姻更加需要两个人精心呵护，每对夫妻都应当使幽默趣味在自己家庭生活中发挥重要作用。

家庭环境的"减震器"

【幽默故事】

有一个外企员工，工作较忙，下班总不能按时回家，经常是妻子回到家把饭菜做好了他还没回来。时间一长，妻子就不耐烦了。有一次，妻子生气地说："你还想家，还要吃饭吗？"他不作声，在饭桌上只是一股劲地喝汤。妻子觉得奇怪："你是不是发神经了？光灌水！"他说："我怕跟你吵起来，多喝点汤，压压火。"一句话逗得妻子哭笑不得："真拿你没办法。"边说边给他盛了饭，并夹上一大块鱼端到他面前。他双手接过，风趣地说："谢谢孩子他妈!"一下子大家都乐了，妻子原先的一肚子气也随之烟消云散。

【明联智慧】

列宁说："幽默是一种优美的、健康的品质。"愉悦轻松，表达了人类征服忧愁的能力。布笑施欢，令人如沐春风，神清气爽，乐观常在。事实证明，在家庭生活中，幽默可以消除烦恼和忧愁，增进身心健康；可以丰富感情交流，增添生活乐趣；可以化干戈为玉帛，增强家庭和睦，对搞好家庭建设很有好处。

家教离不开幽默

【幽默故事】

儿子上小学的时候，我和老公有时会为到底谁是家长争论一番，各自不服。

一次，我提出，咱们竞选吧，谁当选谁就是。

当时，我是有些小心思的，因为儿子从小是我带大的，老公在外地，儿子与我的感情更深些，当然会选我。

没有竞选宣言，我们就马上开始投票。

第一次投票，三个人，每个人自己投了自己一票。

儿子很兴奋，他以为自己也会当选家长。我暗自生气，我说儿子你应当选妈妈，妈妈对你多好。

没想到，老公对儿子说，你不可能当家长，你如果选我当家长，那么，我就任命你是副家长。

第二次投票结果可想而知，老公两票当选家长，儿子是副家长，我是成员。

家长对副家长说："我在家的时候，就什么都听我的。我不在家的时候，就要听妈妈的。"

于是，这个副家长，成了一个虚名。

因为家长总是摆个臭架子，我的心比较软，所以副家长也很后悔自己的错误选择，总想再次竞选，让我当选，可惜家长不同意，再次竞选似乎遥遥无期。

【明眸智慧】

　　培养孩子的幽默感，使其敢于自嘲，学会用微笑面对人生，正是他们的心理走向成熟的标志之一。家庭教育的方式多种多样，但总的说来，不外乎疾言厉色、心平气和、风趣幽默三种。家庭教育的本质在"教育"二字，无论哪一种教育方式，都离不开生活理念的灌输，但是不同的灌输方式产生的效果大不相同。疾言厉色的教育可以威慑孩子，但它容易让孩子产生对抗心理，是一种得不偿失的教育方式。而心平气和的教育能使孩子体会到自己与家长在人格上的平等。但由于语言平淡，不疼不痒，无法产生持久效果。相比之下，风趣幽默的教育触动的是孩子活泼的天性，因而能在他们心灵中留下不灭的印记。

第八章　婚恋中的幽默

——让幽默谱写浪漫的爱情金曲

　　每个人都向往美好的爱情。在享受爱情的同时，不要忘记：幽默是爱情的催化剂。美好的爱情往往是可遇而不可求的。你要善于抓住身边的每一个机会，在遇到爱的人的时候，用幽默的语言表达出你内心热烈的爱恋之情。

以幽默留完美印象

【幽默故事】

一个男生看上了人文学院一个漂亮的女生，但却不知道她的名字，也一直苦恼没有机会与她搭讪、接触。

有一次，机会终于来了，他看见那个女生独自一人走进一家牛肉面馆，便毫不迟疑地跟着进去了。他有点紧张地向这个女生开口问道："经常在校园见你，请问你叫什么名字？"

那女生很纳闷地抬头看着他，说："我叫意大利面啊！"她显然不想报上真名，但男生没有气馁，他红着脸，"噢"了一声，改口道："那么，我也给自己起个面名吧，我叫加州牛肉面。"

女生冷漠的脸上立刻露出灿烂的笑容。后来，这位高傲的"意大利面"真的成了"加州牛肉面"的妻子，这就是幽默的奇异效果。

【明眸智慧】

眼前就是苦寻多年的另一半，可是如何去靠近呢？既怕惊吓了她又不忍舍弃她。此时，幽默搭讪是最牢靠的战壕，可进可退。有许多人，特别是男孩子不敢轻易尝试，总担心会遭到女孩的拒绝。其实，几乎所有女孩都以被众多男士追求而骄傲和自豪！所以，以一颗幽默的平常心走向那个漂亮女孩，勇敢地与中意的姑娘攀谈，给她留一个完美的印象，好好把握这个难得的表白爱的机会吧！

幽默求爱有妙招

【幽默故事】

电影《阿飞正传》中就有一段很有创意的幽默情话：

在一天下午，阿飞对着苏丽珍说："看着我的表，就1分钟。16号，4月16号。1960年4月16号下午3点之前的1分钟你和我在一起，因为你我会记住这1分钟。从现在开始我们就是1分钟的朋友，这是事实，你改变不了，因为已经过去了。我明天会再来。"

这样幽默又有创意的情话，相信没有几个人可以抵挡得了吧！反正苏丽珍没有，下面是她的内心独白："我不知道他有没有因为我而记着那1分钟，但我一直都记住这个人。之后他真的每天都来，我们就从1分钟的朋友变成两分钟的朋友，没多久，我们每天至少见1个小时。"

【明眸智慧】

幽默的求爱过程充满着智慧和情趣，即使不能情场得意，至少，也不会给以后的交往造成障碍，还可以保留一份美好的回忆。幽默者的求爱方式，他巧妙地向对方传递爱的信号，从容地等待对方接受。即使遭到拒绝，同时也不会给自己的自尊心造成严重伤害，并且能不失体面地撤退，同时也不会给对方造成压力和难堪。这不是世故和圆滑，而是珍惜自己的感情和尊重对方意愿的表现。

真心要用妙法表达

【幽默故事】

有这样一个求爱含蓄表白的故事，它发生在俄国作家陀思妥耶夫斯基身上。当时他爱上了美丽的姑娘——安娜。

有一次，他放出了试探求爱的气球。

他对安娜说："我正在撰写一部恋爱小说，但摸不透一个年轻姑娘的心理，还得请求你帮忙。"他在介绍了小说的构思之后，含蓄地说："书中的主角遇到了一位像你这样的姑娘，咱们就叫她安娜吧，这是多么可爱的名字。那个主角深深地爱上了安娜，但他却像我这样年老并负债累累，能给安娜姑娘带来什么呢？请问，姑娘会爱上我的男主角吗？"

安娜认真地回答："为什么不能呢？如果安娜不是肤浅轻浮的女人，如果她有一颗善良敏感的心，为什么不能呢？"后来，她终于打开了自己紧闭的心扉，他们相爱了。

【明眸智慧】

陀思妥耶夫斯基的表白没有采用直接的方法，而是用含蓄幽默的方法，委婉地把女主角的名字定为"安娜"，从而步步逼近直至感动安娜。要想获得对方的好感，并进一步转化为爱情，首先要有一颗真诚的心和诚挚的情趣，更需要机智与幽默地表达。爱的表达是需要一些技巧的，需要花费一番心思，即先考虑怎样获得对方的好感与信任，再考虑怎样将好感巧妙地转化为爱情，而不是一味地死缠硬磨，使人厌恶。

幽默书信，鸿雁传情

【幽默故事】

老舍先生在他33岁时就已是文坛著名的作家，但还未成婚。当时朋友们见他与胡絜青的性格和爱好比较接近，就有意撮合，轮流请他俩吃饭。

赴宴3次后，两人对朋友的好心已经领会了。于是老舍给胡絜青发出了第一封信："我们不能总靠吃人家饭的办法会面说话，你和我手中都有一支笔，为什么不能利用它——这完全是属于自己的'小东西'把心里想说的话都写出来。"信写得诚恳坦率，胡絜青自然是同意了。他们相约，每天都给对方写一封信，如果哪天老舍没有收到胡絜青的信，他就像丢了魂似的坐立不安。

【明眸智慧】

男女的恋爱是一种艺术，情书的写作更是一种艺术。如果说情场如战场，情书便是爱情攻坚战中最忠诚的武器。因此，写情书说情话也是要很有技巧性的，而幽默便是最好的技巧。事实上，情书是用来表达内心的真挚情意，让对方看了能满心欢喜或感动不已的，情书也是一种极为强烈的"印象装饰"，因它企图通过优美的文辞和修饰过的语句，来抒发情感并打动对方的心。幽默的求爱、求婚方式，似乎更有魅力，更富于使人心动的浪漫情趣。

幽默为爱情升温

【幽默故事】

20世纪40年代，著名影星赵丹从监狱里出来，妻子已经改嫁了。后来有一部电影挑选赵丹与黄宗英担任男女主角。这为两人以后结成连理提供了契机。其实，在见面之前，赵丹和黄宗英已经互有好感，只是不太确认。所以，当黄宗英从外地赶到上海时，赵丹前去迎接。

那天是周末，一见面黄宗英就故意惊讶地说："真没有想到，你会来接我。你家里今天就没有别的事儿要处理吗?"赵丹微笑着说:"为什么我就不能来接你? 再说,我已经没有'家'了!"

路上黄宗英继续试探说:"我不明白,大上海有那么多的明星,为什么千里迢迢要我来?"赵丹幽默地回答:"这叫千鸟易得,一凤难求。"

黄宗英哈哈大笑,放下心来。

【明眸智慧】

赵丹三言两语就把自己的家庭、婚姻及追求表达得淋漓尽致,他用轻松幽默的谈吐赢得了黄宗英的好感,争取了凤求凰的主动,为他们后来的顺利交往终至结成姻缘奠定了良好的基础。处于热恋中的朋友,切不可忘了幽默的升温作用。只要你调动神经中的机智这根弦,即可与你的恋人奏一曲和谐的恋歌。恋爱只有通过"交谈",才会有"恋"有"爱",而语言的幽默如同牛奶中的蜂蜜,它能增添个人魅力,促使感情升温。

幽默为恋歌添彩

【幽默故事】

小李和女友谈恋爱一年多了,一直很想拥抱一下她,但不确定女友是什么态度,害怕自己的粗鲁会吓坏女友。

一个月牙儿当空的夜晚,万籁俱寂,小李和女友在公园的长椅上坐着休息。看着月光下女友迷人的脸庞,小李说:"亲爱的,听说真心相爱的人会有一个普遍规律,那就是男子手臂的长等于女子的腰围。你相信吗?"

"是真的吗?"女友睁大了眼睛问道,"嗯,要不,你试试看……"就这样,小李顺理成章地拥抱了女友。两个人的感情也越来越深厚了。

【明眸智慧】

爱情需要感情做基础,但这并不说明爱情与表达能力毫无关系,感情的培养同说话有密切的联系。无数事实证明,男女之间互相怀有好感,长出了感情的幼芽,是否使它健康地生长,直到开出花朵,结出果实,用语言之水浇灌是其中一个重要因素。有时候并不一定非要男人幽默,女人也可以幽默,这样两个人的关系才会更和谐,才会让恋人陶醉其中,享受爱情的甜蜜。

风趣：男人幽默的利器

【幽默故事】

有一个姑娘问男朋友："你为什么总送人造花给我？我喜欢鲜花啊。"男朋友从容答道："亲爱的，这是因为鲜花总是在我等你的时候就枯萎了。""真的吗？你真的非常爱我吗？"姑娘不放心地追问。"非常爱你。""那你能为我献出生命吗？"男朋友扳过姑娘的脸，看着她的眼睛认真地说："亲爱的，我想这可不行。因为如果我死了，还有谁能像我这样来爱你呢？"姑娘一边抿嘴笑，一边嗔怒地捶打男朋友的肩膀。

【明眸智慧】

恋人间交往要善于使用幽默的谈吐，诚恳对人，热情大方，自尊自重，以自身良好的修养和人品赢得异性的尊重和爱。幽默是展示男人形象的一种不可或缺的手段。女人把幽默的男人当作快乐的使者和力量的源泉。从某种意义来说，男人是为女人而幽默的。

幽默拒绝对方的爱

【幽默故事】

一位年轻的厨师给他喜欢的姑娘写了一封情书。他这样写道："亲爱的，无论是择菜时，还是炒菜时，我都会想到你，你就像盐一样不可缺少。我看见鸡蛋就想起你的眼睛，看见西红柿就想起你柔软的脸颊，看见大葱就想起你的纤纤玉指，看见香菜就想起你苗条的身材。你犹如我的围裙，我始终离不开你，嫁给我吧，我会把你当作熊掌一样去珍视。"

不久，姑娘给他回了一封信，她是这样回复的："我也想过你那像鹅掌的眉毛，像西红柿的眼睛，像大蒜头一样的鼻子，像土豆似的嘴巴，还想起过你那像冬瓜的身材。顺便说一下，我不打算要个像熊掌的丈夫，因为，我和你就像水和油一样不能彼此融合，你能明白我的意思吗？"

【明眸智慧】

只要别人的求爱是真诚的、善意的，你理应感激求爱者对自己的赏识和喜爱。回拒对方时应诚恳、婉转，在尊重对方人格、尽量少地给对方造成痛苦的前提下，明确地表达自己的态度。拒绝虽然要讲究委婉，但对于别有所图、并无真实情感的求爱者也不必太客气。幽默以其独有的意味深长，可以使拒绝达到入木三分的效果。

幽默谎言，给爱再一次机会

【幽默故事】

一部外国的电视剧有这样一个片段：

女主角伤心地说："我实在是不爱你！我现在对你已经无法产生兴趣。"

"这不是你的心里话！"男主角从容不迫地回答。既给自己一个可下的台阶，避免陷于窘迫的境地，又给女方一个挽回的机会。

女主角又说："我确实是这么想的，这的确是我的心里话。"

"你不要再骗自己了！"男主角毫不气馁地答道。

女主角捂着脸，反复强调："我……我根本没有欺骗自己，我真的是不爱你了！"

"你不要这样讲了，其实你的心中只有我！"男主角依旧不慌不忙地步步逼近。

【明眸智慧】

剧中的男主角采用了一种幽默说谎法，抓住对方紧逼不放，不仅使自己漂亮地走下台阶，使对方觉得哭笑不得，还增加了女主角对他的好感。同时，自我欺骗的"谎言"还给对方留有收回此话的余地。幽默说谎法值得人们学习，生活中的恋爱男女如果像男主角一样幽默说谎，反复强调，或许能软化对方的心，觉得你对她是诚挚的，就不再拒绝你，最终回心转意了。

幽默把握一见钟情

在1920年巴黎的一次舞会上，上尉戴高乐正无聊地喝着红酒。突然，他在舞会的角落发现了一位安静而且异常美丽的小姐。她托着腮凝视窗外，仿佛置身于自己编织的梦境中。戴高乐坐不住了，他不断地向那个角落扫视，并思索着如何去搭讪才不显得唐突。

他端起一杯红酒，向那位小姐走去。快到面前时，那位小姐突然转过头，嫣然一笑。戴高乐略带窘迫地说："我非常有幸认识你，小姐，这使我非常荣幸……""是吗？上尉。"小姐不动声色地说。"这对我来说，是一种荣幸，一种莫名其妙的荣幸……"戴高乐原本流畅的开场白顿时结巴起来，小姐"扑哧"一声笑了，接受了他的邀请。

他们一边跳着舞，一边倾诉着，当跳完第六支舞曲时，戴高乐上尉已经和这位名叫汪杜洛的小姐山盟海誓，订下了终身。事后汪杜洛小姐告诉戴高乐，他那句"是一种莫名其妙的荣幸……"的赞美很真诚，还带有一丝淡淡的幽默味道，在瞬间打动了她的芳心。

且不说戴高乐将军"歪打正着"的幽默，一个普通人倘若遇上自己心仪的人，该如何具体运用幽默方法表达呢？首先要有勇气，不能被漂亮女孩的傲气吓得手足无措，要尽量保持一颗平常的心，把她看作是一个很随和的人，走近她和她搭话。然后，尽可能地利用一切可见的情景、可捕捉到的任何线索幽默一下，跟她开个玩笑。俗话说："微笑了，事情就好办了。"如果你能使他露出灿烂的笑容，那下一步就容易了。

幽默表达爱意

在某航空俱乐部的一次集会上，一位漂亮的空姐身着晚装，胸部半裸，颈上系着的一个金色小飞机饰品刚好垂在胸部。

一位青年空军军官很腼腆，当他看到女孩子白皙、丰满的胸部时，便害羞地低下头。

这时，这位魅力诱人的女孩子温柔沉静地向他说："啊，您喜欢这个金飞机吗？"

空军军官的话在不经意间脱口而出，话声虽低但很清楚："小飞机非常漂亮，可更漂亮的是……"

漂亮的女孩子看了看飞机饰品。这时，空军军官最后鼓起勇气说："更漂亮的是机场……"

顿时，女孩子开心地笑了。

这句话使漂亮的空姐感到意外。因为青年军官并没有俗不可耐地说："漂亮的是你的胸部。"而是暗示她说"更漂亮的是机场……"幽默终于使他们相互深深地吸引。

【明眸智慧】

要把握交往的尺度是在与异性交往中较为重要的一个环节，对方约你一同参加某项活动，如看电影、观画展、逛书市，这是正常的、公开场合的两性交往，完全可以大大方方地赴约。女孩子应端庄、坦荡，不使对方产生误解和非分之想；男孩子要沉稳、庄重，尊重对方。只要采用合适的交往方式，把握与异性交往的尺度和时机，诚恳对人，热情大方，自尊自重，便能处理好与异性的关系，以自身良好的修养和人品赢得异性的尊重和爱情。幽默作为一种含蓄的与异性交往的方式，使得人们乐以此道在恋爱生活中表达爱的情感，使人们在欢笑中体会到彼此的爱。

用幽默打开对方心扉

【幽默故事】

一位妻子幸福地诉说他们浪漫的爱情经过："当我在一所大学里做兼职银行出纳员时，一个漂亮的小伙子几乎每天都要到我的窗口来。他不是存款就是取钱。直到他把一张纸条连同银行存折一起交给我时，我才明白他是为了我才这样做的。"

亲爱的婕：我一直储蓄着这个想法，期望能得到利息。如果周五有空，你能把自己存在电影院里我旁边的那个座位上吗？我把你可能已另有约会的猜测记在账本上了。如果真是这样，我将取出我的要求，把它安排在星期六。不论贴现率如何，做你的陪伴始终是十分愉快的。我想你不会认为这要求太过分吧，以后来同你核对。真诚的杰。我无法抵制这诱人、新颖的求爱方式。

【明眸智慧】

在与对方的交往中，在言辞上花一些功夫，以幽默风趣的谈吐，制造出一种活泼宽松的交际氛围，不知不觉中，你就会获得对方的青睐。可以这么说，如果爱情中没有幽默和欢笑，那么爱还有什么意义呢？甚至有人说，爱就从幽默开始。

幽默让谎言变善

【幽默故事】

芳芳新认识的男朋友有点大男子主义，平时不太注重个人卫生。当他再一次穿着带有汗味的衬衫来约见她时，芳芳明确指出了他的陋习并拒绝了他。

男友没有沮丧，而是给了她寄来了一大束鲜花。里面有一张卡片，上面写着："亲爱的芳芳，我知道女性最不能原谅的是男人不爱干净的习性。可是，我相信你会原谅我的——因为，你的美丽会抵消我的丑恶。"

【明眸智慧】

对爱情来说，"善意的欺骗"乃是被用惯了的技巧。这段话里男友不动声色地认了错，还极其巧妙地夸赞了芳芳的魅力，尽管是一些不着边际的借口。但即使无法获取芳芳的谅解，这个高超的"谎言"也会为他争取不少形象分。孙子兵法中说"兵不厌诈"，其实，在恋爱方面也可以运用这种计谋。必要的时候可以把假话当成真话说，不过对追求的对象或者恋人说谎的时候，要注意运用幽默动听的方式。

为爱"焰"添把柴

【幽默故事】

1949 年，当接近不惑之年的罗纳德·里根结识了 28 岁的南希时，爱情之火在他心中燃起。他虽然面临着电影事业上的困境，但侃侃而谈，以充满热情的幽默最终打开了南希的芳心。从此，每当里根谈话，南希总是凝视着他，全神贯注地倾听着那富有趣味的妙语，爱情之藤，老而弥坚。

【明眸智慧】

一直以来，爱情都是一个神圣而温馨的话题。爱情不是苦苦追寻，不是强扭硬缠，而是心与心的交流，是情与情的互换。有的人"一见钟情"，婚姻美满；有的人"马拉松式"拍拖，最终分道扬镳。赢得知音、赢得爱情需要一颗真诚的心，一种诚挚的情，更需要机智与幽默的表达。

给彼此的爱一个台阶

【幽默故事】

有位漂亮的姑娘突然接到一封情书，打开一看，是单位里表现很一般的小杨写的。

"癞蛤蟆想吃天鹅肉"，一气之下她把情书贴到了单位饭堂。结果小杨被羞得无地自容，原来追求她的人也都被吓跑了。

3年后，小杨终于找到了称心的伴侣，而漂亮姑娘还是孤零零一个人。

【明眸智慧】

每个人都有爱与被爱的权利，如果对方希望与你建立恋爱关系，而你的心里对此人并不满意，辞爱的语言要恰当，要委婉幽默，既要把自己的意思表达清楚，让对方没有心存幻想的余地，放弃对你的追求，又不要太不近人情，伤害了对方的自尊心。尤其是对身边的同事或同学，辞掉对方的求爱更应该注意方式。如果你当时不加考虑，生硬地说"不"，或许若干年以后，你会后悔当初辞掉的除了爱情，还有你并不应该辞去的友情。

巧妙表达你的需要

【幽默故事】

一个小伙子天生胆小，虽然很想与女朋友亲近，就是没有勇气做实质的进展。他的女友也是很着急。一天晚上，他和女友在花园里约会了，女友就想了一个鼓励他亲近自己的办法，对小伙子说："听人说，男人手臂的长度正好等于女子的腰围，你要不要我去找一条绳子来比比看？"

小伙子很高兴地说："何必那么麻烦呢，我可以把手臂借给你使使。"

【明职智慧】

要学会聪明幽默地表达自己的"亲近"需要，正如上面故事中的男女都说出了对方不敢说的要求，而又没有让自己觉得尴尬。其实，不光男性有"亲近"的需要，女性也会有这种需要，不过，女性多半隐蔽得比较好，因而她们主动谈"性"的幽默更含蓄一些。人们都清楚，在微妙的男女关系里，每一个细微的行动，都由不少微妙的心理因素支配着，如果你能技巧性地掌握和运用这些因素，在爱情的交锋中，你就将所向无敌，胜券在握。幽默，是恋爱生活的守护神。

讨好要巧用幽默

【幽默故事】

幽默家艾登斯认为女权运动太嚣张了，"我正在写一本关于男权运动的书。"他说，"就快出版了——只要我太太同意。"

【明职智慧】

艾登斯借机幽默地讨好太太，无疑会增进他和太太之间的感情。所以，情人之间适当地讨好对方是必要的。在日常生活中，情人之间闹点小矛盾是难免的，双方不必斤斤计较。有些女性在吵架之后，"一哭，二走，三上吊"地对男方进行要挟，这是不必要的。

用幽默处理错误

【幽默故事】

丈夫又回来晚了，一进家门就看见妻子严厉的目光，他自知理亏，又感到很不好意思，就走到沙发前，逗小猫玩。

他刚低下头，就听妻子一声叫喊："喂，你和那头笨猪在一起有什么意思？"

丈夫明知在骂他，故作不知，笑着说："这哪里是猪，这是猫呀！"

妻子看也不看他一眼，朝小猫一招手："亲爱的，到我这里来，刚才我是在跟你说话呢！"

【明眸智慧】

从上面的故事中，人们不难看出女方的聪明和幽默之处。丈夫知道自己做错了事情，他在面对妻子的幽默嘲讽时，所运用的"顾左右而言他"的糊涂幽默不是也很值得人们欣赏吗？当你明知道自己做错了的时候，不妨以幽默的方式和你的爱人一起笑，笑你自己的错误。有句歌词说：相爱容易，相处更难。的确，爱人之间免不了磕磕碰碰的事情，因此才有人编出"打是亲，骂是爱"这样的谐语来。那么，当夫妻间的一方做错了事或误了事的时候，难免要做个解释，此时用简短的幽默方式可代替自己的一大段的解释，也可以避免对方一大串的埋怨。

幽默伴随爱成长

【幽默故事】

我太太回娘家小住几天，我又成了单身汉。如果是回到 20 年前，她走的时候会告诉我："乖乖待在家里哦！"而现在她说："不要忘了帮我浇花，不要开着电视机就睡着了。"

【明眸智慧】

一切都在变，爱情也在变。即使两个人在一起能够白头偕老，他们在 20 岁、30 岁、40 岁、50 岁等不同年龄阶段的爱情也是有所不同的。借着幽默的力量，人们应该承认并接受时间带来的改变。从妻子嘱咐丈夫的不同的话语中，人们可以感受到他们爱情生活的改变。丈夫对爱情的这种变化的总结带有一种对爱情变化的无可奈何的幽默。不过，即使如此，丈夫还是总能从妻子的嘱咐中感受到爱和关怀。当年龄越来越大，夫妻间还是应该借助幽默保持一种年轻时候对爱情的热情。

用幽默营造浪漫天堂

【幽默故事】

恋人间的幽默调侃，让恋爱妙趣横生，它永远是一种甜蜜的诱惑。如果你懂得在恋爱中巧妙地运用幽默，就会让你的恋人尽享爱的甜蜜。

一个公园里，一个女孩正在等着她的恋人。突然一个男孩在她的背后捂住了她的眼睛，说道："你猜猜我是谁，只允许你猜三次，如果猜不出来我是谁，你就得让我吻你。"

只听女孩喊道："你是——刘德华？古天乐？黄晓明？不不不，不对，你是杨过！"

很显然，她是故意猜错的，两人沉浸在爱河之中。

【明联智慧】

生命是一朵花，爱情是花的蜜，而幽默则是采花酿蜜的蜜蜂。幽默是一种含蓄的语言形式，人们乐于在恋爱中借助它表达爱的情感，使恋人在欢笑中体会到爱的甜蜜。其实，每天在与恋人在一起的时候，只要一两句幽默的话语，便可让双方一天都沉浸在快乐之中，而这也是每对享受爱情的恋人所向往的生活。既然如此，为何不打开你幽默的心扉，让浪漫的爱情天堂住进去呢？

让爱人尽享爱情甜蜜

【幽默故事】

有一对恋人相约在公园见面，可是这个男孩子迟到半个小时，女孩非常生气。一见面，女孩就生气地说："你怎么才来呀，让人家等了这么久！"

男孩说："这不能怪我呀，他们总是故意为难我，司机慢慢地开车，红灯一遇到我就变亮，而时间却走得那么快。要是我有天使的翅膀，我早就飞来了。"

女孩说："可是我等了整整30分钟！"

男孩幽默地说："你要知道，我可是等了20年，才有缘认识你呀！"

男孩这样诙谐却饱含深情的话语，让女孩立刻转怒为喜。

【明眸智慧】

赢得爱情需要一颗真诚的心，一种诚挚的情，也需要机智与幽默的表达，这样才能让你的恋人享受到爱的甜蜜。

处于热恋中的人们，可以利用幽默给爱情加温，创造轻松愉快、富于情趣的爱情生活。只要你拨动幽默这根琴弦，即可与你的恋人奏出一曲和谐的恋曲，享受爱的甜蜜。对于恋人来说，幽默具有一种特殊的作用：它使双方在幽默的言谈之中发现美好的事物，并留下欢乐的回忆，用幽默呵护你的爱情，它就会成为爱情的守护神。

让幽默成为爱情守护神

【幽默故事】

电影《归心似箭》中，魏得胜经常给玉贞家挑水。在一次挑水时，玉贞用含蓄的幽默语言向他表示了爱意。

魏得胜："要不是你，我早喂黑瞎子了，这恩情是要报答的！"

玉贞："我可是就等着你这两句话啦。你这个人嘴还怪甜的！那你就一天给我挑两趟水。"

魏得胜："那容易，我就一天给你挑两趟水！"

玉贞："挑到儿子娶媳妇，挑到我闺女出门子，给我挑一辈子！"

魏得胜："挑一辈子？"

玉贞含羞带笑地说："对，挑一辈子！"

【明眸智慧】

如果爱人是个缺乏幽默感的人，谈话做事都是一板一眼，不苟言笑，这样的爱情就少了一分情趣。因此，让幽默成为恋爱的守护神，可以让爱情天长地久。爱情是人生之中最美丽的幸福之花，让幽默成为恋爱的守护神，不仅能够帮你抓住爱情，还能为爱情增添许多妙趣，让你们的爱情永远充满浪漫和温馨。

巧用幽默保护自己

【幽默故事】

"亲爱的小彤，"年轻的李密在信中写道，"请原谅我打扰你。由于热恋，我的记性竟然变得如此糟糕。我现在一点儿也记不起来，当我昨天向你求婚的时候，你说的是'行'还是'不行'。"

小彤很快回了信，信中说："亲爱的小密，收到你的来信我真高兴。我记得昨天我说的是'行'，但是我实在想不起是对谁说的了，再一次吻你。"

【明眸智慧】

在这个到处充斥着"快餐式"爱情的时代，恋人变心可能是很多年轻人经常遇到的事情。有些人不能承受恋人变心的打击，可能会变得精神失常，报复社会，严重的甚至会自杀。那么，面对恋人的变心，什么样的做法才是理智的呢？在上面这个故事中，两个人的对话既幽默又保护了自己。在爱情遭遇突变时，学会用幽默保护自己也是十分重要的一个部分。

幽默指出恋人错

【幽默故事】

有一对恋人在吃过晚饭后，来到河滩上散步，一头牛在默默地吃草。小伙子指着牛说："你快看，那头牛可真自在呀，悠然自得、乐不思返。"

姑娘微微一笑，说："好是好，但是它也有不尽如人意的地方。"

小伙子问道："它有什么不尽如人意的地方？"

姑娘说道："要是这头牛吃完了饭，再把碗筷都洗了就尽如人意了。"

小伙子不好意思地笑了。以后，他再到姑娘家吃饭，饭后就主动刷碗。

【明眸智慧】

恋人常常因为不知道如何指出对方的缺点而苦恼，或因方法不当，或因言语不得体，使对方产生误解，甚至拂袖而去。人无完人，你的恋人也是如此，面对恋人的缺点，要学会用幽默的语言表达指出。只有这样，你才能让恋人了解并正视自己的缺点，同时不影响两人之间的感情。巧妙地运用幽默，能起到良好的效果。

用幽默增强爱的活力

【幽默故事】

有一对夫妻发生了不快，妻子不理睬丈夫。丈夫开玩笑地对她说："亲爱的，俗话说'愁一愁，白了头'，要知道生气有害美容，你想来个老妻少夫呀？"

妻子被他逗笑了。

丈夫见状，又说："这才对嘛，笑一笑十年少，笑一笑老来俏！"

妻子的脸上立刻露出灿烂的笑容。

充满爱意的幽默语言如果用之得体，有助于营造温馨的家庭气氛，让家庭生活更有情趣。

【明眸智慧】

夫妻之间，真正一本正经的并不多见，往往"嬉笑怒骂"、风趣幽默的占多数。家庭中，夫妻使用幽默的语言，可以让对方开心，营造欢乐的家庭气氛。受正统观念的影响，有不少夫妻保持着相敬如宾的家庭气氛。这样的夫妻关系是令人羡慕的，如果能再加上幽默的成分，就能更充分地表现你的爱意，让夫妻关系更融洽。

在平淡生活中寻找幽默

【幽默故事】

有一对夫妇，相约奉行节约政策，不能乱花钱。有一天，丈夫说："亲爱的，我想你昨夜告诉我房间里有贼，这事是真的。"

妻子问道："为什么呢？"

丈夫说："因为我发现我口袋里的100块钱不见了。"

妻子说："如果你能起来杀死那个讨厌的人，你的钱就不会丢了。"

丈夫听后说："我不能杀死那个人，如果那样的话，我就成了鳏夫了。"

【明眸智慧】

　　幽默可以让生活充满轻松、愉快的笑声，增进家庭成员之间的亲密程度。没有幽默的生活是平淡无味的，运用幽默，能让你的生活多姿多彩，充满妙趣，可以使家庭生活变化起伏，避免平淡与死板。一些聪明的夫妻常常会从平淡的生活中寻找幽默，让生活变得有声有色。

第九章 演讲中的幽默

——用幽默提升演讲的感召力

　　演讲是在比较正式的场合对众人所做的一种带有鼓动性、说服性、抒情性和表演性的讲话。但是，不能因为它比较正式，演讲人就一定要端起架子，板起面孔，做枯燥无味的陈述。所以，营造幽默轻松的气氛是使演讲易于为人接受的一种高明的方法。

一分资本一分赢

【幽默故事】

里根说过："在生活中，幽默的话语能促进人体健康；在政治上，幽默有利于提升自己的形象和得分。"他就任美国总统后第一次访问加拿大期间，他发表演说时不时被举行反美示威的人群所打断，当时的加拿大总理皮埃尔·特鲁多感到很难堪，紧皱双眉，而他却满脸笑容地对特鲁多说："这种事情在美国经常发生。我想这些人一定是特地从美国来到贵国的。他们想使我有一种宾至如归的感觉。"这幽默的话把特鲁多说得眉开眼笑。

里根决定恢复生产新式的B-1轰炸机时，引起了许多美国人的反对。里根对一帮反对他的这一决定的人说："我怎么不知道B-1是一种飞机呢？我只知道B-1是人体不可缺少的维生素。我想，我们的武装部队同样也需要这种不可缺少的东西。"他的这些话既幽默又坚定，反对的人就不好再说什么了。

【明眸智慧】

古人曰："一人之辩，重于九鼎之宝；三寸之舌，强于百万之师。"在漫长的社会发展进程中，口才作为一门艺术，使天下无数学者、志士沉醉其中。在西方社会，演说更是成为各国社会名人表达自己观点的一个重要手段，涌现了无数个著名的演说家。他们大都具有饱含生机的幽默的思维，杰出的幽默口才为后世留下了许多脍炙人口的千古佳话。

一门幽默语言艺术

【幽默故事】

学生："我看你有危机感，看起来冷冷的，这是为什么？"

白岩松："我喜欢把每一天当作地球的末日来过。"

学生："你什么时候才会笑？"

白岩松："会不会笑不重要，重要的是懂幽默。"

学生："如果有一天你的缺点多于优点，怎么办？"

白岩松："没有缺点也没有优点的主持人，连评论的机会都没有，有缺点我觉得幸福，它可能是优点的一部分。"

学生："我是学历史的，能当新闻节目的主持人吗?"

白岩松："今天的新闻就是明天的历史。"

【明眼智慧】

幽默口才让白岩松从容回答学生的尖锐问题。他告诉人们要"把每一天都当作世界末日来过"，只有细细咀嚼才能品出其中之味。每个人都有自己的缺点，为自己的缺点而幸福是一种自信。运用幽默的方式把缺点看成是优点的一部分，不仅不会自卑，还会鼓舞别人。在现代社会，幽默口才虽然不至于决定一个人的生死，却能决定一个人事业的成败。就像那句话所说，"世界上到处是有才华的穷人"，同样，这个世界上也到处是有能力却郁郁不得志的人，为什么? 因为他们口才欠佳，之所以失败，不是败在能力，而是败在口才上。由此人们可以看出，幽默的语言艺术对一个人来说是多么的重要。

一句幽默胜过千言

【幽默故事】

两度竞选美国总统均败在艾森豪威尔手下的史蒂文森从未失去过他幽默的一面。在他第一次荣获提名竞选总统时，他向记者承认自己的确受宠若惊，并打趣说："我想得意扬扬不会伤害任何人，也就是说，只要人不吸入这空气的话。"

在他第一次竞选败给艾森豪威尔的那天早晨，他以充满幽默的口吻，在门口欢迎记者进来："进来吧，来给烤面包验验尸。"几年后的一天，史蒂文森应邀在一次餐会上演讲。他在路上因为阅兵行列的经过而耽搁了一会儿，到达会场时已迟到了。他歉意地解释说："军队英雄老是挡我的路。"

【明眼智慧】

史蒂文森用他的诙谐含蓄的语言赢得了人们对他的尊重。他虽然竞选失败了，但在人们心中他俨然是个赢者。社会交际中说话不仅要委婉含蓄，还要言简意赅。在一般情况下，没有必要滔滔不绝、长篇大论。在社会交往中，富于社交能力的人，就要有驾驭语言的功力，就要会自如地运用多种语言表达方式，不断探求各种各样的语言风格。有时要直言不讳，有时还非得含蓄委婉、简洁精练些不可，这样才能使其效果更佳。含蓄简洁的幽默话语使人感觉如春风拂面，让人思而得之，而且越揣摩，含义越深越多，因而也就越具有吸引力和感染力。

巧设悬念活跃气氛

【幽默故事】

1956 年，当时的印尼总统苏加诺到清华大学操场演讲，在台下听讲的除了清华的学生以外，还有北大的学生。苏加诺是世界名人，步入清华时，学生队伍的秩序一度有些激动性的骚乱。

有经验的苏加诺总统当然看出来了。他在演讲一开头就说了两句题外话："我请诸君向前移动几步，我愿更靠近你们。"话一说完，学生队伍活跃了，很快往前移动几步。接着苏加诺又说："我请诸君笑一笑，因为我们面临着一个光辉的未来。"学生们轻松地笑了起来，气氛变得十分和谐。在以后苏加诺总统的演讲不断被热烈的掌声打断。

【明眸智慧】

苏加诺总统所用的这种方法正是利用学生的好奇心，幽默地提出了两个令学生们颇感兴趣的话题——"靠近一点"、"笑上一笑"，用缩短空间距离来缩短心理距离，打破了情感交流的障碍，更铺垫出了妙趣横生的氛围。真正的演讲高手从来不忽略幽默的力量，总是以笑声来调节台下听众的情绪，激发他们回味无穷的遐思。

一句精妙的开场白

【幽默故事】

在一次讨论会上，一位著名的演说家没讲一句开场白，手里却高举着一张100 美元的钞票。

面对会议室里的 200 个人，他问："谁要这 100 美元？"一只只手举了起来。他接着说："我打算把这 100 美元送给你们中的一位，但在这之前，请准许我做一件事。"他说着将钞票揉成一团，然后问："谁还要？"仍有人举起手来。

他又说："那么，假如我这样做又会怎么样呢？"他把钞票扔到地上，又踏上一只脚，并且用脚碾它。而后他拾起钞票，钞票已变得又脏又皱。

"现在谁还要呢？"他问，还是有人举起手来。

"朋友们，你们已经上了一堂很有意义的课。无论我如何对待这张钞票，你们还是想要它，因为它并没贬值，它依旧值100美元。人生路上，我们会无数次被自己的决定或碰到的逆境击倒、欺凌甚至碾得粉身碎骨。我们觉得自己似乎一文不值。但无论发生什么，或将要发生什么，在上帝的眼中，你们永远不会丧失价值。在他看来，肮脏或洁净，衣着齐整或不齐整，你们依然是无价之宝。"

演讲家的话赢得了场下热烈而持久的掌声。在接下来的阐述中，演讲家趁着听众注意力集中，妙语连珠，掀起了一个又一个的高潮。

【明职智慧】

高尔基说："开头第一句是最困难的。好像音乐里的定调，往往要花费很长时间才能找到它。"可以毫不夸张地说，一句精妙的开场白，抵得上后文中上万句的字字珠玑。演讲的开场很重要，它几乎可以决定一次演讲的精彩程度。就演讲者来说，如果他一开始讲话就很严肃很高深，那么接下去的演讲就很难使听众活跃起来。

超越常规，妙语引趣

【幽默故事】

名作家吉卜林在向英国一个政治团体发表演说时使用了下面的幽默，引起全场捧腹大笑：

"主席，各位女士先生们，我年轻时，曾在印度当记者，专门替一家报社报道犯罪新闻。这是很有趣的一项工作，因为它使我认识了一些骗子、拐骗公款者、谋杀犯以及一些极有进取精神的正人君子。有时候，我在报道了他们被审的经过后，会去监狱看看这些正在服刑的老朋友们。我记得有一个人，因为谋杀而被判无期徒刑。他是位聪明、说话温和有条理的家伙。他把他自称为他的'生活的教训'告诉我。他说：'以我本人作例子，一个人一旦做了不诚实的事，就难以自拔，一件接一件不诚实的事一直做下去。直到最后，他会发现，他必须把某人除掉，才能使自己恢复正直。'哈，目前的内阁正是这种情况。"

【明眸智慧】

吉卜林没有平板地陈述记忆中的旧闻旧事，而是幽默地围绕准备进入的政治话题渲染了一些近乎怪诞的趣事，从而建立起自己和听众的沟通点。在演讲中插入风趣、幽默的谈笑，通过讲述自身经验中那些人人有同感的矛盾之处作为"楔子"。总之，利用他人和自身的一些幽默故事，妙语连珠，能使自己的演讲格外精彩。

幽默使演讲深入人心

【幽默故事】

杜怀特在一次宴会上做了一次非常成功的演讲。他依次谈到围坐在餐桌边的每个人。说起初开课时，他是如何讲话的，现在进步了多少。他一一回忆每个同学做过的讲演，模仿其中一些同学，夸大他们的特点，逗得个个开怀大笑，皆大欢喜。

杜怀特的幽默亲切自然，拉近了和老同学的友谊，幽默使其更好地表达了自己的观点、抒发了感情。

【明眸智慧】

演讲是在比较正式的场合对众人所做的一种带有鼓动性、说服性、抒情性和表演性的讲话，但是，不能因为它比较正式，演讲人就一定要端起架子，板起面孔，做枯燥无味的陈述。所以，制造幽默轻松的气氛是使演讲易于为人接受的一种高明的方法。许多优秀的演讲者都善于以幽默风趣的语言紧紧抓住听众的注意力，使听众在会心的笑声中与他产生共鸣，从而比较容易接受并牢牢记住他的观点。

以幽默赢得观众心

【幽默故事】

著名的作家和大师王蒙先生，像他的许多著名作品一样诙谐、机智与幽默，辛辣、豁达与乐观。一次，王蒙先生应邀到上海某大学演讲，学生们的积极性不是很高，所以他便以幽默的方式开了话头。他说："由于我这几天身体不太好，感冒咳嗽，不大能说话，还请大家谅解。不过，我想这也不一定是坏事，这是在时刻提醒我——多做事少说话……"他的这句幽默开场白立刻把台下同学的情绪调动起来了。

王蒙的整个演讲过程，幽默不断，掌声不断。在提到读者与作者的关系及如何更好地把握一部作品时，本来是个评论性的严肃话题，但他很幽默地说："……我希望大家在评论一部作品时，不要轻易下结论，要反复地多读几遍，读透、读懂。千万不要像有些人那样，看到我走路先迈左脚，就说王蒙犯了'左倾'主义；看到我先迈右脚，又说王蒙又犯了'右倾'主义；如果我因为感冒咳嗽用手绢擦了擦流出的鼻涕、眼泪，他就喊王蒙现在又沮丧、颓废啦……"

这辛辣、形象的话语，充满了幽默感。在座的学生完全被他的演讲所吸引，同学们的热情可以说达到了高潮。在他演讲完之后，有些同学对他似乎还是恋恋不舍。

【明联智慧】

说理性演讲是一种以谈形势、做传达的政治报告和学术报告为内容的演讲。这类演讲着重通过说理来折服人。正如王蒙的这个演说，他将硬道理变得通俗、幽默，使听众在笑声中有所启发。要想让此类的演讲成功，就要使说理过程要求生动、形象，适当增加幽默的分量。

以幽默应对临场意外

【幽默故事】

有一次，林语堂在美国哥伦比亚大学讲授中国文化课，对中国文化大加赞誉。一位女学生不服气地发问："林博士，你是说，什么东西都是你们中国的好，难道我们美国没有一样东西比得上中国的吗?"这是一个不好回答的问题，如果演讲者反过来赞扬美国，不利于演说的主题；如果严肃地表示美国不如中国，会引起在座学生的敌意。

林语堂只是轻松地回答："有的，你们美国的抽水马桶就比中国的好嘛。"

他的话引起哄堂大笑，气氛活跃而和谐，发问者对这一回答也无话可说。

【明眸智慧】

在演讲中遇到听众有不同意见，不可漠然视之，如果不予恰当的处理，后面的演讲将难以顺利进行。有时演讲者还会碰到恶意的攻击或咒骂，如果演讲者勃然大怒或与之对骂，将损害演讲人的形象，使捣乱者的预谋得逞。而幽默能使激化的矛盾变得缓和，避免出现一些令人难堪的场面，化解双方的对立情绪，使问题得到更好的解决。面对所有可预料的或者不可预料的问题，优秀的演说家都能自如应对，而幽默往往是对付各种意外事件的有力武器。

用幽默吸引听众感情

【幽默故事】

美国的莱特兄弟是人类航空史上勇敢的开拓者，他们于 1903 年 12 月 17 日成功地驾驶有动力的飞机飞上了蓝天。之后不久，莱特兄弟前往欧洲旅行。在法国的一次欢迎酒会上，主人再三邀请他们演讲。老大威尔伯只好站起来，但他只讲了一句话：

"据我们所知，鸟类中会说话的只有鹦鹉，而鹦鹉是飞不高的。"

威尔伯的演讲言简意赅，让听众在笑声中悟到真谛。

【明眸智慧】

你如果已经娴熟地掌握了幽默技巧，在演讲中插入一些妙趣横生的内容，往往比振振有词的套语更能牵动听众的心弦。往往是那些含蓄、风趣的材料和语言，寓庄于谐，使人在会心一笑的同时，体会到高尚的情趣和深刻的道理。以笑声来调节台下听众的情绪，拉近与他们的感情，让他们觉得演讲者亲近和蔼，这样为演讲加一分成功因素。

巧用幽默发小牢骚

【幽默故事】

一个青年人过生日，他说："诸位兄弟姐妹，今天是我的生日，大家都不必客气。一定要大块吃肉，大碗喝酒。唉，过生日又长了一岁，可惜兄弟我一大把年纪了还是光棍一条。大家伙仔细瞅瞅，我可是一表人才，居然没一个女孩爱上我，你们说是不是很奇怪。我在这儿和你们打个赌，明年的今天，你们诸位等着瞧吧。"这时，有人笑着说了一句："还等着瞧你这条光棍啊。"大家都笑成一团。

打的什么赌，等着瞧什么，青年故意不说明白，留给大家去猜。一位客人点破了他的这个意思，这样也就产生了幽默的效果。

【明眸智慧】

有时候发牢骚也能产生幽默效果。不过牢骚发得恰如其分，才不至于冲淡欢乐的气氛；牢骚发得轻松，方不失演讲者之风度；牢骚要发得幽默，方能博得听众的笑声。

巧用幽默穿插小故事

【幽默故事】

有一次，一个教授给学生做报告时，接到一个条子，问："有人认为思想工作者是五官科——摆官架子，口腔科——耍嘴皮子，小儿科——骗小孩子，你认为恰如其分吗？"这个问题颇有锋芒。教授妙语解答说："今天的思想工作者，我认为是理疗科——以理服人，潜移默化，增进健康。"

【明眸智慧】

在演讲中，为了增强演讲效果，加深听众印象，可以穿插现成的幽默故事。穿插时要注意：穿插进来的内容一定要同话题有关，能起到说明、交代、补充的作用；穿插的内容务必适度，不可过多过滥，造成喧宾夺主，中心旁移；衔接务必自然得当，切不可让人觉得勉强或节外生枝。事例中教授的回答就很恰当。

与主持人幽默配合

【幽默故事】

著名演讲家德克是与主持人幽默配合的行家。下面是他和主持人之间的一段对话：

主持人："您怎么称呼，先生?"

德克："哦，我叫德克。"

主持人："您是得克萨斯州人吗?"

德克："不，我是路易斯安那州人。"

主持人："那您为什么取名德克?"

德克："我想我叫德克该比路易斯好些吧。有这样一个怪名字确实有好处，不过我还没发现好处在哪儿。"

【明职智慧】

在自我介绍时语言一定要真实可靠、简洁易懂，让主持人很快就明白。这样，主持人就会乐于与你合作。在你与主持人之间建立融洽关系的基础上，你还得运用幽默的力量来应付突变。但如果你的姓名比较特别或是容易读错的话，那么不妨提前让主持人知道。

以幽默获得人心

【幽默故事】

新学期第一节课，一位老师昂首挺胸、满怀自信地走进教室，然后说："同学们，这学期由我来给你上这门课，其实，你们也不要觉得老师太神秘，我不过比你们多读了三遍教科书。这学期开始，我要和大家一起读第四遍。古人云，书读百遍其义自见，四遍与一百遍还是有很大差距的。"

【明职智慧】

这位老师给一个简单的"四"字加上了幽默色彩，在通过表面上"吹牛"展现出自己谦逊的同时，又确实给了自己和学生以信心。这种新奇的开场白完全是传统开场白的改进。改进在哪里？就在于增加了幽默技巧。演说家在表现谦虚的时候，也应该向听众充分展现自己的自信。要知道，听众想听的是演说家独特的富有创造性的观点，而不是含含糊糊、模棱两可的东西。所以，你的观点可以是咄咄逼人的，但表达要谦虚。

用幽默制造互动

【幽默故事】

一位演讲者这样演讲："朋友们，经营贵有道，投机贵有方啊！有一首《诀窍铭》这样说：位不在高，头尖则灵；官不在大，手长则行。斯是诀窍，唯吾钻营；对上捧粗腿，对下用私人；吹牛克红运，拍马不碰钉。可以开后门，讲交情。无正义之细胞，无原则之准绳，烟酒来开道，金钱能通神。孔子曰：'何鄙之有？……'"

不等他开口，下面的听众都笑着将话接了上去。

【明眼智慧】

演讲者幽默嫁接，仿唐朝刘禹锡《陋室铭》一文开讲，给人一种明快犀利、生动活泼之感。自然而然就营造出一种轻松愉快的演讲氛围。有时候，在演讲中有些话题过于严肃时，也需要运用幽默的力量缓和、调节演讲的气氛。互动是最能轰动气氛的一种方式，巧妙地用幽默制造互动，使听众参与到演讲中，不失为演讲的一种好方法。

用幽默消除紧张情绪

【幽默故事】

一位演讲家在一次演讲时打了一个比喻，说："男人，像大拇指；女人，像小拇指。"

话音刚落，全场哗然，女听众们强烈反对演讲家的这一比喻，认为这是贬低了女性。演讲家立即补充道："女士们，人们的大拇指，粗壮有力，而小拇指却纤细、灵巧而且可爱，不知诸位女士，哪一位愿意颠倒过来？"

这句话如灵丹妙药，立即平息了女听众的愤怒，她们相视而笑了。

【明眼智慧】

演讲家以大拇指喻男人，以小拇指喻女人，几乎引起会场轩然大波。这不奇怪，因为按一般人的观念，大拇指是顶呱呱好样的象征，而小拇指是差劲的象征。但演讲家实际上是蓄意"吊胃口"，他把女听众弄得嗔怒之后，一下把原比喻翻转过来，揭示出他的真正意思，从而使听众在这一喜剧性的突转之中由嗔而喜，恍然大悟，消除了大家的紧张情绪，引得众人对演讲充满兴趣。

用视觉幽默吸引听众

【幽默故事】

有一次，奈德去参加州大学的一项会议。他原先不打算在会议中讲话，更没有想到要坐在台上。当时正在闹学潮，学生们把他推到台上，要他就学潮问题发表一下自己的观点。这件事非同一般，颇为严重。

在一片骚动声中，奈德小心翼翼地走上讲台。正好墙角有一架钢琴，他径自走向钢琴，在钢琴旁坐下来，按出一个颤悠悠的低音。

然后，他回头看了看，说："对不起，我有点紧张，不过马上就好。"他噼里啪啦地弹出几个音符，之后走到台前，在话筒前坐下。这时他缓缓地、小心地假装扣好身上的安全带，然后说："我在这次飞行中别失事就好了。"

【明眼智慧】

视觉幽默能将景象和声音融合在一个幽默中，因此往往需要使用一些出人意料并富于机智的道具。而事例中的奈德不需要道具也造成了视觉的幽默。大多数时候，视觉幽默需要靠动作来表现出来。不过动作也不要太夸张了，因为除了极少数情况之外，太夸张的动作会引得听众只注意看你的动作，而忽略了演讲的内容。演讲中的视觉幽默除了动作，还有表情。演讲中的"冷面滑稽"的表情就对产生幽默的效果很有用。

用幽默巧避临场尴尬

【幽默故事】

一次演讲中，一只狗突然爬上讲台，摇着尾巴注视着讲演者，听众都哈哈大笑。这时，演讲者只轻松地耸了耸肩，说道："我的演讲看来不光吸引人，还吸引了这条高智商的小狗。"狗没有主动下台，这时演讲者说："请您到外面玩去吧，这儿可没有肉骨头。"这时候，会议主持人就赶紧把狗赶下台去，演讲得以继续下去。

【明联智慧】

演讲中出现类似上述情况时，演讲者都会很尴尬，面对听众的嘲笑，有些演讲者甚至会不知所措。而上面故事中的演讲者却能够巧借突然出现的情况，巧妙发挥，引发幽默。在演讲中，有时会出现一些不可预测的情况，这时候，一个好的演讲者就要做到即时兴讲，即事兴讲，巧妙利用触媒，恰当临场引发。那些触媒在特殊的时刻里绽放，如昙花一现，虽然时间短暂，可是给听众带来的快乐却绵绵不绝。你在尚未想到之前，听众已将你当成一个优秀的演说家了。

幽默结尾余音绕梁

【幽默故事】

艾森豪威尔在担任美国总统之前，曾担任过哥伦比亚大学的校长。在一次宴会上，几位名人做了长篇演说，可是主持人最后还请他讲话。

艾森豪威尔一看时间已经不早，决定删去他已经准备好的演说内容，站起来即兴发挥："每一篇演讲不管它写成书面的或其他形式，都应该有标点符号，今天晚上，我就是标点符号中的句号。"大家立刻报以热烈的掌声。后来他对别人说，那是他最著名的演说之一。

【明联智慧】

演讲到快结束时常常出现这种情况，演讲者还未说结束语时，听众就已经乒乒乓乓起身离座了，对于这种情况，有位著名演说家说过："你必须在听众的笑声里说'再见'。"其含义是用幽默的话来做结尾。古人形容歌声有这么一句话："余音绕梁，三日不绝。"这也是演讲结尾追求的最佳效果。怎样才能使自己的演讲达到这个效果呢？运用幽默的演讲艺术作为演讲的结尾不失为一个好办法。它能使演讲者在结束时赢得笑声，给听众留下愉快美好的回忆。

用幽默排障碍

【幽默故事】

美国前总统小布什应邀回母校耶鲁大学为毕业生发表演讲中这样说道："今天是诸位学友毕业的日子，在这里我首先恭喜家长们：恭喜你们的子女修完学业，顺利毕业，这是你们辛勤栽培后享受收获的日子，也是你们钱包解放的大好日子！最重要的是，我要恭喜耶鲁的毕业生们：对于那些表现杰出的同学，我要说，你真棒！对于那些丙等生，我要说，你们将来也可以当美国总统！耶鲁学位价值不菲。我时常这么提醒切尼，他在早年也短暂就读于此。所以，我想提醒正就读于耶鲁的莘莘学子，如果你们从耶鲁顺利毕业，你们也许可以当上总统；如果你们中途辍学，那么你们只能当副总统了。"

【明联智慧】

这段主题突出、观点鲜明的演讲词引起了耶鲁学生热烈而持久的掌声。总统以自身的经历为事例，每一个学生都在这段妙语中受到了极大鼓舞。家长们也感到了莫大的欣慰，同时，话语中还包含着对母校的肯定——耶鲁大学是培养人才的摇篮，甲等生也好，丙等生也罢，你们都是人才，都将有所作为。当然更重要的是，这段话起到了拉近演讲者与听众的关系的重要作用，为接下来的演讲打下了良好的基础。

幽默为演讲增光添彩

【幽默故事】

在一次关于"儒家思想难以抵制歪风"的演讲中，主讲人说出了这么一段辩词：

"在孔子时代也有歪风。正所谓歪风代代都有，只是变化不同。孔子做鲁国司寇时，齐国送来了一队舞女，鲁国的季桓子马上'三日不朝'。而对这股纵欲主义的歪风，孔子抵御了没有呢？没有。他带着他的学生人才外流，去了别国。"

【明眸智慧】

这段辩词巧妙地古今连用，运用典故，角度新颖，理论有力，巧妙地借用了"人才外流"这一现代流行词汇，在幽默中说明了道理，取得了极好的论辩效果。演讲，作为一种直抒胸臆的语言表达，早已经成为一门语言艺术。许多人把演讲本身作为一种享受，也有很多人把听精彩的演讲作为享受。而幽默，作为语言的润滑剂，调节演讲气氛的好佐料，尽管只是只言片语，却是许多成功演讲中不可或缺的"点睛之笔"。

幽默贵在质而不在量

【幽默故事】

有个人，一心想得到某俱乐部主席的位置，这次，他用心良苦，精心准备了一次演讲，可一向以幽默高手著称的他在演说中却表现得过了头，在不到一小时的演说过程中，他至少说了50则笑话，并配以丰富的表情和确实引人发笑的手势。听众们被逗得哈哈大笑，以至于有人在他的演讲结束时大叫"再来一个!"

演讲者以为自己征服了听众，扬扬自得，却没想到他最终以倒数第一的成绩落选了。

当他闷闷不乐地走出俱乐部时，他问那位喊"再来一个"的听众："你说我比他们差吗？难道你们不喜欢我吗？"

"不，一点也不差，"那人非常诚恳地说，"你比他们有趣多了，但我们一致认为你应该去当喜剧演员。"

【明眸智慧】

特别要指出的是，有些人以为在演讲中，幽默越多越好，而事情上，幽默贵在质量而不在数量。在上面的事例中，人们可以看到幽默太多也会起到反作用。如果你仔细观察就会发现，许多成功人士都能把幽默的力量运用得十分自如，不会哗众取宠，更不会让笑话喧宾夺主。这是因为，他们都明白太精于说妙语和笑话，会给人留下油嘴滑舌的印象，对个人的形象的树立并无帮助。

同时还要注意，一场演讲，幽默的语言只是润滑剂，而你要表达的主题才是真正的重点所在。切忌为了追求幽默的效果而刻意全场以笑话贯串，让听众听后一无所获，好像只是听了一堆笑话，这样的演讲就算再笑料不断也是一场失败的演讲。

在自嘲中让演讲升级

【幽默故事】

美国政界要员凯升首次在众议院发表演说时，打扮得比较土气。一个议员在他演讲时插嘴说："这位伊利诺伊州来的人，口袋里一定装满了麦子呢！"众人听了哄堂大笑。

凯升不慌不忙地说："真的，我不仅仅口袋里装满了麦子，而且头发里还藏着许多菜籽呢。我们住在西部的人，多数是土头土脑的。"他的自嘲式的坦率赢得了大家的好感和敬意，接着，他大声说："不过我们藏的虽是麦子和菜籽，却能长出很好的苗子来！"

众人对这位不卑不亢的演说者鼓掌赞赏，他的演说成功了。

【明联智慧】

所谓"众口难调"，你的演说很难让在场的每一个人都感到满意，因而，在演讲中途出现的特殊情况和意外，很多时候是不可避免的。可这也正是考验演讲者智慧和能力的时候。如果演讲者能用富于幽默的言语将矛盾轻松化解，那么，这个意外就会变成为你的演讲加分添彩的契机。

演讲拉家常，领导变笑星

【幽默故事】

在一次计划生育大会上，县妇联主任为了区别于前面几位领导"报告"式的演讲，改用了通俗易懂的语言调侃式的演说："当前，我国人口已达13亿，世界人口已到60亿，可地球还是这个地球，大伙儿想一想，人口膨胀，四海茫茫住何处？土地减少，大人小孩吃什么？"

开头就吸引了观众，并把观众逗笑了，接着她又算了一笔账："中国人口等于美英法德等 16 国人口之和，中国人并排着站能绕赤道 15 圈，四人一排往天上连接，最上层的那个人能摸到月亮的脸。你说这是好事还是坏事呢？"

说到这里，会场上的气氛活跃起来。她又让大家算账："有 5 张饼，一家 5 口人，每人可吃一张，如果有 10 口呢？20 口呢？老百姓有句俗话，说人多挤倒房，孩子多吃死娘。而今我们面临的现实是，越穷越生，越生越穷，你们说是不是这样啊？""是——"听众在不知不觉中已经参与到她的"家常话"中来了。会后她获了个"笑星"主任的称号。

【明联智慧】

如果妇联主任也和别的演讲领导一样，长篇乏味的用报告式的语气念下去，又有几个人会真正听进耳朵里。她"家常话"式的演讲方式引起了大家的共鸣，让大家不知不觉地参与到她的演讲中，自然收到了很好的效果。演讲成功的关键在于演讲者要与听众产生共鸣。听演讲就像听故事一样，大家爱听的是离自己最近的、最生动、最直观的故事。演讲时，你可以采用就地取材或拉家常的形式，这样可以使听众觉得你说的是身边的事，不由自主地被你感染。

演讲语言必须准确、精练，有时候也要平易、通俗。对于不同的听众要采取不同的语言。演讲是讲给一定的对象听的，比如，有的演讲专门针对老百姓说的，这样的演讲，语言一定要通俗易懂，如果听众没听明白，必然影响信息的传递和交流，那么演讲也就失去了意义。不管是什么性质的演讲，旨在传达信息，交流思想，要让听众听懂并明白其中的含义。

第十章　谈判中的幽默

谈判是人们生活和工作中不可缺少的活动。当人们为了达到某种目的或获得某种利益，而需要和有关方面达成一致意见时，就要和对方进行商谈。谈判的技巧有多种，而幽默是打破谈判僵局的有效方法。

制人而不制于人

【幽默故事】

著名意大利女记者奥里亚娜·法拉奇在她成功地采访了一系列世界风云人物的过程中，留下了许多动人的记录和插曲。下面是她与著名政治家亨利·基辛格的一段对话：

法：基辛格博士，如果我把手枪对准您的太阳穴，命令您在阮文绍和黎德寿之间选择一人共进晚餐，那您选择谁？

基：我不能回答这个问题。

法：如果我替您回答，我想您会更乐意与黎德寿共进晚餐，是吗？

基：不能……我不愿意回答这个问题。

【明眸智慧】

法拉奇可谓咄咄逼人，这种"逼"不在于死死纠缠，而在幽默地"进犯"。问题全是严肃至极的，但方式却是玩笑似的。通过幽默的主动出击，提出让对方两难的选择，法拉奇最终使对方缴械。要想最快地达到谈判的目的，就需要做多方面的准备，比较好的方法是根据实际情况，提出多样选择方案，从中确定一个最佳方案，作为达成协议的标准。有了多种应付方案，就会使你有很多的回旋余地。你可以提出两种或多种选择，这些选择都可以是对方不愿意接受的。但是，比较起来，其中总会有一种令对方最乐意接受的。这时候，你改变谈判结果的可能性就更大了。因为你充分了解和掌握了谈判的主动权，也就掌握了维护自己利益的方法，就会迫使对方在你所希望的基础上谈判。即使对方不同意其中的任何一种提议，他也会在你提议的基础上提出新的解决办法。

移花接木的技巧

【幽默故事】

汉武帝晚年沉醉于神仙之说，为了长生不老，特别相信方士的话。当方士把所谓的不死之酒敬奉给他之后，他就特别看重这些酒。而作为幸臣的东方朔又是滑稽之臣，他能以特别伶俐的口才，能逗得皇帝解颐而笑。他们之间就是这样一种特殊的关系，所以，东方朔就趁机偷喝了皇帝的"御用"之酒。皇帝很生气，声言要处死他。东方朔说："陛下，臣喝的是不死之酒。所以，臣是不会被杀死的。如果陛下令臣被处斩，臣死去了，那么，所谓的不死之酒也就不是不死之酒了。不死之酒，不能救臣于不死，难道能于陛下尊体有效吗？"汉武帝听了，细细寻思也是这个道理。

【明联智慧】

从上面这个幽默故事中，人们可以看出，要较好地运用这种幽默技巧，就要首先抓住对方的开场阐述，认真耐心地倾听对方的开场阐述，归纳弄懂对方开场阐述的内容，思考和理解对方的关键问题。如果对方开场阐述的内容与你的意见差距较大，不要打断对方的阐述，更不要立即与对方争执，而应当先让对方说完，认同对方之后再巧妙地转开话题，从侧面进行谈判。

从另一角度来看，"移花接木"的幽默是一种迂回的谈判技巧，迂回谈判也是一种中国人经常运用的谈判方式。它与中国人含蕴深沉的文化心理相符。因此，在谈判中，迂回战术更适用于中国人的谈判桌。对中国人来讲，一场针锋相对、火药味极浓的商业谈判未见得是一场成功的谈判，中国人更乐意在彬彬有礼、谈笑风生的氛围中合作。

给对方一颗定心丸

【幽默故事】

有一条船在航行中，突然狂风吹来，海浪滔天，船马上就要翻了。船长急忙命大副去通知乘客弃船逃命，结果大副去了半天，悻悻而回，说道："他们都不愿跳下去，对不起，我实在没有办法了。"

船长无奈，只好亲自到甲板上去，不一会儿，便微笑着回来了，他说："都跳下去了，我们也走吧！"

大副很惊异地看着他，问道："你是怎么劝说他们的呢？"

船长说："我首先对那个英国人说——作为绅士，应该做出表率——于是他跳下去了；接着，我又板着脸对那个德国人说——这是命令——于是他也跳下去了；我又对那个法国人说——那种样子是很浪漫而且潇洒的——他也跳下去了；我对伊拉克人说——这是将军的旨意——他马上起身，穿上救生衣就跳了下去。"大副一听，简直佩服得五体投地："太妙了，长官，那么你是怎么对美国人说的呢？"船长说："我说——您是被保了险的，先生。那家伙赶紧夹着皮包跳下水去了！"

【明联智慧】

船长针对不同的人，总结归纳出了他们各自的民族特点。在人们看来，这些说法都很幽默，可是在听者耳中，它代表了另一种属于民族和职责的内涵。由此，人们应该明白：当你想在谈判桌上说服他人时，除了要将自己的语言信号准确无误地传达给对方，分析对方的性格，因人而异采用有针对性的语言进行说服外，最重要的还是先造成良好的形势，使对方在没有其他选择的情况下不得不接受你的提议，彻底消除对方的疑虑，这样幽默的说服才会收到预期的效果。否则，就很可能因基本条件不充分而导致谈判失败。

谈判中，当对方突然提出担心时，你应该给他一颗定心丸吃，用幽默的方式化解对方疑虑。谈判中，面对面之外的外围战相当重要。先外围后内部，先幕后再公开，在谈判桌外找到双方的共同点，可以为场内谈判造就良好的气氛。谈判中的外围战，是联络感情、沟通信息、影响对手的手段，是对正式谈判的一种补充。

幽默造势得人心

【幽默故事】

1959 年，美国总统尼克松访问苏联。在此之前，美国国会通过了一项关于被奴役国家的决议。赫鲁晓夫在与尼克松的会谈中激烈地抨击了这个决议，并且怒容满面地嚷道："这项决议很臭，臭得像马刚拉的屎，没有什么东西比这玩意更臭的了！"

尼克松曾认真地看过赫鲁晓夫的背景材料，得知他年轻时曾当过猪倌。于是他盯着赫鲁晓夫说："恐怕主席说错了。还有一样东西比马屎更臭，那就是猪粪。"

【明联智慧】

在比较正式的谈判场合，作为国家元首，赫鲁晓夫肆无忌惮，出言不逊，他明显是想为尼克松设置窘迫局面。好在尼克松幽默诙谐，暗藏尖锋，装作没弄懂对方的意思，实际上却进行了巧妙的还击，打击了对方的气焰，化被动为主动。同时，也避免了谈判成为市井中的吵架撒泼。

谈判中也可以通过运用"装傻"的幽默技巧巧避对方锋芒。在谈判过程中，可以装作没有听到或没有听清楚对方的话，或者装作没弄懂对方的意思，以便巧避锋芒，避免尴尬。它的特点是：谈判的锋芒主要不在于传递何种信息，而是通过装傻来打击、转移对方的谈判兴致使之无法继续设置窘迫局面，而化干戈为玉帛，并能够寓反击于无形，不战而屈人之兵。在谈判中，这种方式往往被一些谈判高手使用。

在忍耐中产生幽默

【幽默故事】

美国前总统卡特就是一位具有忍耐力和幽默感的人物。

一次，他为了促成以色列和埃及的和谈，把双方领导人萨达特和贝京请到了戴维营。戴维营的生活十分单调，令以色列总理贝京和埃及总统萨达特都感到十分厌烦，但又不得不应付每天长达10小时的谈判。每天早晨，萨达特和贝京都会先后听到敲门声。

卡特总是这样幽默地说："嘿！我是吉米·卡特，请你们准备开始烦闷的、长达10小时的会晤吧！"

到了第13天，双方终于签署了和平协定。

卡特能促成以色列和埃及的和谈，这中间原因很多，但卡特总统的忍耐和幽默是一个重要的因素。

【明眸智慧】

在谈判桌上，签订协议时，人们要学会忍耐，要善于忍耐。忍耐，也是一种以退为进的策略。谈判者可以在忍耐中获取轻松，在轻松中产生幽默。人们知道，以退为进不是消极地退让，其目的仍然是最终实现自己的目标。运用以退为进的谈判策略，再辅以幽默智慧的行动和语言，往往比一味采取进攻策略更有效。

以 巧 制 胜

【幽默故事】

在一所大学里，小王是农村来的，室友小郑则是城里人，因此小郑常讥笑小王不如自己聪明，并说自己无论哪一方面都比小王强，同学们故意说不信。

"不信，我敢和他打赌！我们相互提问，若有一方不知答案，就付给对方50元钱。"小郑有些急了，沉不住气，大叫道。

小王则说："既然你们城里人比我们乡下人聪明，这样赌我要吃亏。要是我问，你不知道你输我50元钱；你问了，我不知道，我输给你25元钱。你看怎么样？"

"就这样吧！"小郑自恃见识广，爽快答应了。

小王问道："什么东西三条腿在天上飞？"小郑答不上来，输了50元钱。随后，他也向小王提出了这个问题。

"我也不知道。"小王老实承认，"这25元钱给你。"

【幽默智慧】

小王让对方先开价，然后巧妙地把对方引入圈套，再按照小郑的所谓城里人比乡下人聪明进行推论，反过来证明了小郑的愚蠢。这之中还隐藏着一种以退为进的战术。同样一个问题，同样都答不上来，而结果不一样。小郑聪明反被聪明误，被小王的"也不知道"砸了自己的脚，输了钱而又推辞不得，虽叫苦不迭，却又无可奈何。在谈判中，当你对对手的情况不太了解，或者当你不能预测对手会采取什么谈判策略时，就最好"请对方先开价"，先让对方阐述利益要求。然后，你就可以大体了解对手的策略和意图，在此基础上审慎、幽默地表达己方的意见，提出己方的要求。这种后发制人的方式，常常能收到奇效。

幽默而智慧的谈判者，一般不主动先开价，而总是笑着请对方先开价。因为"后发制人"才有回旋余地。如果对方开价合乎自己的意愿，也不要喜形于色，而要略为沉吟思考一番，再落落大方地表示可以考虑。如果对方坚持非要你先开价或对方先开出的价不合你意时，你切记不要随便出价，而要尽可能幽默而又隐蔽地进行铺垫和引申，一旦他的思路进了你的"范围"，你再提出自己的想法，他就会觉得你开的价有一定可比性，至少做到了"知己知彼"。

用幽默打破僵局

【幽默故事】

1988 年 7 月 22 日，日本首相中曾根同苏联共产党总书记戈尔巴乔夫在克里姆林宫举行会谈。整个会谈高潮跌宕，扣人心弦。

戈尔巴乔夫有一次竟用拳头将桌子敲得砰砰作响。他气愤地声称："据说，在日本居然有人说什么'今后只要日本持续不断地增强经济力量，苏联便将乖乖地屈服于日本的经济合作'。殊不知，这是大错特错的，苏联决不屈服。"中曾根也不示弱，他以强硬的口吻反驳道："尽管如此，两国加深交往也是重要的。阻挠两国关系发展的，正是北方领土问题。铸成这个问题的原因在于斯大林错误地向属于北海道的岛屿派遣了军队。"

中曾根接着语气和缓地说："我毕业于东大法律系，你走出的是莫斯科大学法律系的门槛。我们俩同属法律系毕业生，理应了解国际法、条约和联合声明是何物。国际上都承认日本的主张是正确的。"这时，戈尔巴乔夫总书记脸上荡起一层愉快的笑容，微笑着答道："我当法律家亏了，所以变成了政治家。"此语一出，巧妙地避开了中曾根话题的锋芒。

【明眸智慧】

本来双方针锋相对，很容易使谈判陷入僵局，但戈尔巴乔夫的一句幽默话，使双方的紧张气氛得到了缓解，谈判得以继续进行。幽默能减少人们之间的紧张对立。因为代表各自的利益，恐怕很难轻易地让步，谈判期间必有一番唇枪舌剑的苦斗，有时甚至到了剑拔弩张的地步。这时，如果某一方代表说句幽默的话，或讲个小笑话，大家一笑，紧张的气氛就可能化解，双方可以继续谈下去。

其实，话题的转移有相当的难度存在，须有对语言驾轻就熟的技巧。话题转移得不好，有时虽然能暂时缓和一下紧张的气氛，但对于大局并没有什么益处。转移的话题必须视具体情况和对象因地制宜，就近转移，不能不着边际，随心所欲，风马牛不相及。转移的话题主旨也不能变，虽然不涉及正题，但必须与正题有关，不管绕多少圈子，牛鼻子始终不能放，做到"形散神不散"。

善倾听与巧反驳

【幽默故事】

隋朝时，有个人很聪明，但说话结巴。官高气盛的杨素，常常在闲暇无聊的时候，把那人叫来说说笑笑。

年底的一天，两人面对面地坐着，杨素开玩笑地说道："有个大坑，深一丈，方圆也是一丈，让你跳进去，你有什么办法出来吗？"

这个人低着头，想了想，问道："有——有——有——有梯子吗？"

杨素说道："当然没有梯子，若有梯子，还用问你吗？"

那人又低着头想了想，问道："是白——白——白——白天，还是黑——黑——黑夜？"

杨素说道："不要管是白天还是黑夜，你能够出来吗？"

那人说道："若不是黑夜，眼——眼——眼又不瞎，为什么掉——掉——掉——掉到里面？"

杨素不禁大笑。又问道："忽然命你当将军，有一座小城，兵不满一千，只有几天的口粮，城外有几万人围困，若派你到城中，不知你有什么退兵之策？"

那人低着头想了想，问道："有救——救——救——救兵吗？"

杨素说道："就因为没有救兵，才问你。"

那人又沉吟了一会，抬头对杨素说："我审——审——审慎地分析了形势，如——如——如——如您说的，不免要——要吃败——败——败仗。"

杨素大笑了一阵，又问道："你是很有才能的人，没有事情不懂得。今天我家里有人被蛇咬了脚，你能医治吗？"

这个人应声答道："用五月端午南墙下的雪涂——涂——涂——涂就好了。"

杨素道："五月哪里能有雪？"

那人说："五月既然没——没——没有雪，那么腊月哪里有——有——有——有蛇咬？"

杨素笑着打发了他。

【明职智慧】

故事中的人尽管是个结巴，但回答问题却很能运用"善倾听，巧反驳"

的幽默技法。他不但没有被杨素难倒，还在谈话中处处显出他的幽默和智慧。这虽然是一个古代的谈判故事，但类似的事情在现代生活中时常会遇到。俗话说：锣鼓听音，说话听声。谈判中也应如此。悉心聆听对方吐露的每个字，注意他的措辞、选择的表述方式、语气，乃至声调，这是对方无意间透露消息的一个重要途径。在认真倾听过后，你已经可以掌握一些有关对方的情况。这时候就可以用幽默的语言来回击对方了。善于倾听是幽默反驳的前提，幽默反驳是倾听的结果，两者缺一不可，相辅相成，而两者的应用都是为了最终取得谈判的成功。

答非所问的潜在用意

【幽默故事】

在一次联合国会议休息时，一位发达国家外交官问一位非洲国家大使："贵国的死亡率一定不低吧？"非洲大使答道："跟贵国一样，每人死一次。"

【明职智慧】

外交官的问话是对整个国家而言，是通过对非洲落后面貌的讽刺来进行挑衅。大使没有理会外交官问话的要害点，而故意将死亡率针对每个人，颇具匠心地回答，营造着别样的幽默效果。有效地回敬了外交官的傲慢，维护了本国尊严。

"问"有艺术，"答"也有技巧。问得不当，不利于谈判；答得不好，同样也会使己方陷入被动。在谈判中，回答问题不是一件容易的事。因为，谈判者不但要根据对方的提问来回答，并且还要把问题尽可能地讲清楚。而且，谈判者对自己回答的每句话都负有责任，因为对方可能把回答理所当然地认为是一种承诺。这就给回答问题的人带来一定的压力。因此，一个谈判者水平的高低很大程度上取决于他回答问题的水平。谈判中，由于双方在表达与理解上的不一致，错误理解对方讲话意思的事情是经常发生的。当谈判对手对你的答复做了错误的理解，而这种理解又有利于你时，你不必去更正和解释，而应该幽默地将错就错，因势利导。总之，谈判中的应答技巧不在于问题回答得"对"或"错"，而在于应该说什么和如何说，怎么更好地处理突发情况。

含沙射影获成功

【幽默故事】

《史记·滑稽列传》记载，楚庄王有一匹爱马，给它穿上带有刺绣的衣服放在装饰华丽的屋子里，喂它吃枣脯，最后马因肥胖过度而死。楚庄王让群臣为马发丧，要以大夫规格，用内棺外椁而葬。大夫提出异议，楚庄王下令道："有敢于对葬马之事再讲者，处以死罪。"优孟听说后，跑进大殿，一进殿门，便仰天大哭，楚庄王十分吃惊，忙问何故，优孟说："死掉的马是大王的心爱之物，我们堂堂楚国，要什么东西没有？而今却要以大夫之礼葬之，太薄了，我请求大王以人君之礼葬之。"楚庄王听后，一时无言以对，只好打消以大夫之礼葬马的打算。本来楚庄王要厚葬宠物，而且不容大臣提出异议，可优孟的反话正说使之改变了初衷。

《五代史·伶官传》中记载的一事也十分有趣：庄宗喜好田猎，在中牟打猎时践踏了许多民田。中牟县令为民请命，庄宗发怒，要杀他。伶人敬新磨得知后，率领众伶人去追赶县令，将之拥到马前，责备他说："你身为县令，怎么竟然不知道我天子喜爱打猎呢？为何让老百姓种庄稼来缴纳税赋，而不让你治下百姓忍饥去荒废田地，让我天子驰骋田猎？你罪该万死。"于是拥着县令前来请求庄宗杀之。庄宗听后无奈大笑，县令被赦。

【明职智慧】

以上两则故事中，优孟和敬新磨为了达到各自的劝谏目的，取得和君王谈判的成功，都运用了反话正说、声东击西的幽默技巧，就是使用与原来意思相反的语句来表达本意，表面赞同，实际反对。在谈判中，运用这种表达方式往往能收到直接表达所起不到的作用。

但是，在谈判中，要想运用声东击西的幽默技巧取得好的效果，就需要对方的静心默思，反复品味。因为这种幽默技巧的特点是：你想表达的意见不是直接表达出来，而是以迂为直，被埋藏在所说出来的话后面，对方在听完话之后，必须有个回味思考的时间，才能体会出个中的奥秘，产生幽默风趣的效果。这种声东击西的幽默技巧也才能对谈判的结果产生影响。因此，一个真正有幽默感的谈判者，不但要自己善于说，而且还要善于领悟对手的幽默。善于领会对手的幽默，也是一种谈判智慧的表现。

旁敲侧击藏谜底

【幽默故事】

一位顾客坐在一家高级餐馆的桌旁，把餐巾系在脖子上。大堂经理很尴尬，叫来服务员说："你让这个'绅士'懂得，在我们的餐馆里，那样做是不允许的，但话要说得尽量委婉些。"

服务员来到那人的桌旁，很有礼貌地问：

"先生，你是刮胡子，还是理发？"

话音一落，那位顾客立即意识到自己的失礼，赶快取下了餐巾。

【明眼智慧】

事例中服务员没有直接指出客人的失礼之处，却幽默地问两件与餐馆服务项目毫不相干的事（刮胡子和理发），表面上看来，似乎服务员问错了，而实际上他是通过这种风马牛不相及的幽默来提醒这位顾客。即使顾客意识到自己失礼之处，又做到了礼貌待客，不伤害客人的面子。服务员用的正是旁敲侧击的幽默技巧。

在谈判中运用旁敲侧击技巧时，还要注意在说话之前先动动脑子，从正面、反面、侧面多角度地想一想，寻找出可以使对手得到启示的多种不同的表达方式，选择其中一种最好的，从而达到预期的目的。

幽默：谈判中的利器

【幽默故事】

1971年，中美会谈讨论到台湾问题时，周恩来总理一开始就表明立场，基辛格也亮明观点，双方互不妥协，又使谈判陷入僵局。这时，周总理说："毛主席说，台湾问题可以拖一百年，是表明我们有耐心；同时也包含不能让台湾问题妨碍中美两国关系正常化。"基辛格点头表示同意："是的，我们必须向着未来有所前进……"周总理敏锐地抓住基辛格的观点，拿起记录美方观点的稿子晃了晃："博士，你的措辞'美国不会同台湾断交'，'中国必须保证不用武力解决问题'，就不是如你所说的向着未来有所前进。"基辛格这次没有反驳，而是陷入了沉思，而后被迫改变思路："我们可以换一种表达方式，美国认识到，在台湾海峡两岸的人都认为只有一个中国，台湾是中国的一部分，怎么样？"周总理笑道："……这是一项绝妙的发明。博士到底是博士。"僵局打破了，周总理和基辛格都笑了。

周总理不愧是一位谈判专家。他机敏、睿智、善听、能言。在上例的谈判中，他认真倾听，机敏地抓住基辛格随口说出的"我们必须向着未来有所前进"这句话，然后明确指出基辛格的观点前后矛盾的事实，从而使基辛格陷入一种被动的局面，被迫做出明智的选择。在基辛格妥协后，周总理又幽默地赞扬了对方，彻底打破了谈判中的僵局。

【职场智慧】

在谈判过程中难免会遇到强劲的对手，此时运用幽默是一种较为有效的方法。巧妙运用幽默，可以表达自己的观点，或者反驳对手，同时也可将谈判带入到一个新境地。

用幽默让对方哑言

【幽默故事】

有一个养殖场要买一批良种雏鸡，同某孵化厂签订了购销合同，由卖方负责运输，货到付款。由于卖方管理不善，在运输途中雏鸡死去几千只，因此双方发生了纠纷。

卖方要求买方付款，买方不肯，经办人的理由是说：雏鸡已经死了，怎么还能付钱呢？

卖方说："合同上不是说货到付款吗？难道死雏鸡不是雏鸡？"

买方经办人明明知道他的话没有道理，可是一时之间也没有对策。不一会儿，养殖场的场长走了过来，笑着问卖方："请问你家里有几口人？"

卖方回答："五口人。"

场长问："哪五口人？"

卖方说："我的母亲，我们夫妻俩，还有两个孩子。"

场长继续问道："那么你的父亲，还有你的祖父母呢？"

卖方说："早死了。"

场长问："难道死了就不是你家中的人口吗？"

卖方无话可说，只好自认理亏，承担了雏鸡的损失。

【明眸智慧】

场长的聪明之处在于，不从正面揭穿对方的阴谋，而是运用幽默的言语去敲打对方，从而巧妙地摆脱对方的无理纠缠。不正面与他人交锋，而是从侧面巧妙地反驳，用幽默的语言旁敲侧击，可以抓住对方的弱点，给对方以警策。旁敲侧击是从旁边敲打，从侧面攻击，适用于从正面攻击难以取得成果而采取的侧面攻击法。在商场中，为了不得罪他人，顾全他人的自尊心，学会运用幽默的技巧是非常必要的。

诙谐轻松地表达己见

【幽默故事】

苏美两国在对越南问题上有尖锐的冲突，两位外交家表面上好像在轻松地谈论是"火车"还是"飞机"，实际上隐含着水火不容的矛盾，是在就重大的问题进行伤脑筋的较量和争斗，双方都坚持各自的立场，互不让步。

美国总统顾问基辛格就越南战争问题与苏联驻美大使多勃雷宁会谈。会谈进行期间，尼克松总统给基辛格打电话来，基辛格接电话回来后对多勃雷宁说："总统刚才对我说，关于越南问题，列车刚刚开出车站，现在正在轨道上行驶。"

老练的多勃雷宁机智地接过话头说："我希望是架飞机而不是火车，因为飞机中途还能改变航向。"

基辛格立即强调说："总统是非常注意选择词汇的，我相信他说一不二，他说的是火车。"

【明眸智慧】

在重大谈判中，老练而有素养的谈判代表，常会用一些委婉含蓄的辞令，暗示自己的意见。这些暗示语的真正含义往往指向关键性问题，而用这种表面温和的方式表达出来，可以使会谈气氛显得轻松、文雅，从而使实质内容的尖锐所造成的紧张情势得到缓解，不致出现僵硬的局面。谈判代表得体地运用这种语言，表现得幽默从容，文质彬彬，既交流了意见，又伤不了和气。

美国谈判大师荷伯·科恩认为：世界是一张巨大的谈判桌。谈判存在于生活的方方面面。很多时候，人们自觉或不自觉地就成了某个谈判的参与者。有时候随着谈判的进行，气氛会变得越来越紧张，这时如果有谁突然冒出一句不着边际的玩笑话，便会立刻缓和场内紧张的气氛，使谈判顺利地进行下去。当对方因没有达到目的而采取抵制的态度企图使友好的气氛僵化时，应尽量发挥幽默的力量缓解对方的对立情绪。

让幽默淡化对立感

【幽默故事】

在一次重要谈判当中，双方在以前从未有过任何接触，气氛自然显得十分沉闷。就在这个时候甲方的代表开口了："××经理，听说你是属虎的，你的厂在你的领导下真是虎虎有生气呀！""谢谢，借你吉言。唉，可惜我一回家，就难有虎威可现了！"

"噢，为什么呀？""我和我的夫人属相相克啊，我被降住了！""那么你妻子……""她属武松！"

【职场智慧】

这一幽默虽有刻意营造之痕迹，但这并不妨碍它在缓和气氛中的作用。双方你来我往，不经意的几句幽默话语，就让原来的沉闷一扫而光，彼此间很容易就建立起一种亲近随和的关系。尤其在初次谈判的时候，双方都要寒暄一番以营造良好的谈判气氛。谈判中采取幽默的姿态，可以创造友好和谐的会谈气氛。双方轻松一笑的同时，也就缩短了心理距离，淡化了对立感。此外，幽默也可以调谐关系：幽默的语言，既能为谈判双方和人际交往创造良好的气氛，而且也有助于调谐人际关系，使各方都处于精神松弛、心情愉快的良好状态。

幽默帮你摆脱被动

【幽默故事】

美国有位作家某次到一家杂志社去领取稿费。他的文章已经发表，那稿费早就该付了。可是出纳却对他说："真对不起，先生。支票已开好，但是经理还没有签字，领不到钱。"

"早就该付的款，他为什么不签字呢？"作家有些不耐烦了。

"他因为脚跌伤了，躺在床上。"

"啊！我真希望他的腿早点好。因为我想看他是用哪条腿签字的！"

这位作家幽默的话都说到这儿了，相信这家杂志社一定不会再好意思拖欠他的稿费。

【明眸智慧】

既然谈判的目的是为了实现合作，因此，在谈判过程中没有必要抓住一些枝节性的小问题不放，即使自己陷入被动，也不能以激怒对方的形式来让自己"翻身"，唯有让幽默帮助自己扭转局面，才是最明智的选择。在谈判当中，很多时候只需要适时地幽默一下，就能够达到起死回生的效果。幽默在谈判当中起着不可或缺的作用，谈判中多用幽默技巧就可以使自己转败为胜。

用幽默打破紧张气氛

【幽默故事】

1946年春天，审判日本战争罪犯的远东国际军事法庭在东京开庭。梅汝璈法官作为日本投降的接受国之一的中国的法官代表参加了审判。出席军事法庭的11国法官齐聚东京，第一件事就是商量法庭上的座次排列顺序问题。庭长经盟军最高统帅麦克阿瑟指定，由澳大利亚德高望重的法官担任，其余还有美、中、英、苏、加、法、新、荷、印、菲的10国法官的座次排列的顺序问题。庭长毫无疑问居中而坐，庭长右边的第一把交椅似乎已属于美国法官，可是庭长左边的第一把交椅属于谁呢？这关系到法官所在国在审判中的地位问题，是各位代表们最关心的，谁也不肯轻易让步，一场政治谈判由此展开。

谈判开始后，我国的梅法官首先说："若论个人之座位，我本不在意。但既然我们代表各自的国家，我还需请示我国政府。"此言一出，满座皆惊，因为各自一一请示，来回反复，势必旷日持久，远东军事法庭何日能开，无法确定。望着各国法官们的惊讶神色，梅法官继续说："我认为，法庭座次应按日本投降时各受降国的签字顺序排列才最合理。首先，今日系审判日本战犯，中国受日本侵害最烈，而抗战时间最久，付出牺牲最大，因此有八年浴血抗战历史的中国理应排在第二；再者，没有日本的无条件投降，便没有今日的审判，按各受降国的签字顺序排座，实属顺理成章。"一番陈述，使在场的人都陷入了思考，气氛显得有些沉重和紧张。这时梅法官又使用了"幽默辩论法"来加强自己的观点："当然，如果各位同人不赞成这一办法，我们不妨找个体重测量器来，然后以体重之大小排座，体重者居中，体轻者居旁。"梅法官的话音未落，满座忍俊不禁。

庭长韦伯回答道："你的建议很好，不过，它也许只适用于拳击比赛。"

梅法官接着说："若不以受降国的签字顺序排座，那还是按体重排好。这样，即使我被排在末座也心安理得，并可以此对我的国家有所交代。一旦他们认为我来参加这次会议不合适，可以调派一名比我肥胖的替换我呀！"话音未落，又引来一阵笑声。

笑完之余，再经过了一番思考，梅法官的提议引起了大家的重视，终于，他代表中国，坐上了庭长左边的第一把交椅。

【幽默智慧】

虽然座次的排定还有其他很复杂的因素，但这次谈判中的胜利与梅法官的幽默有着非常大的关系，正是幽默淡化了与其他国家的对立感，缓解了凝重的气氛，使得原本复杂的问题顺利得到了解决。轻松愉快的气氛能缓解谈判中的紧张情绪。在良好的氛围下，人们更容易被理解、被尊重，也更容易获得支持和关注。营造良好的谈判气氛，就好像机器中的"润滑剂"一样，能够让谈判顺利地进行下来。

用幽默打消对方疑虑

【幽默故事】

第二次世界大战期间，英国首相丘吉尔到华盛顿会见美国总统罗斯福。他要求美英联盟共同抗击德国法西斯，并请求美国能提供一些物资援助。丘吉尔在华盛顿受到了热情的接待，被安排住进白宫，但是因为美国还不想卷入战争，因此谈判陷入了僵局。丘吉尔为此大伤脑筋。

有一天，他正躺在浴缸里泡澡，抽着他那特大号的雪茄烟思考着如何才能谈判成功，突然门开了，美国总统罗斯福微笑着进来了。此时的丘吉尔大腹便便，肚子刚好露出水面……两位世界名人在这样的情形下碰面，不免有些尴尬。

此时，丘吉尔灵机一动借题发挥，道："总统先生，我这个英国首相在您面前真是没有一丝一毫的隐瞒。"语毕，两人哈哈大笑起来。丘吉尔不失时机地再一次含蓄地阐述了自己的观点和目的，意外地打破了谈判的僵局，这对谈判的成功起到了决定性作用。终于，在罗斯福总统的支持下，英国终于如愿以偿获得了美国提供的物资援助。

【明耻智慧】

这一句风趣幽默又一语双关的话，使双方从尴尬的情境中解脱出来，同时也打开了事态的新局面，这就是幽默的力量。很多时候，你的幽默解放了自己的心情，同样也解放了对方的心情。试想一下，既然双方坐下来谈判，那最起码表明双方都是有达成共识的意向的。谈判陷入僵局，其实是双方都不愿意看到的。因而，一方的幽默就如同给了对方一个大台阶，大家就都顺着台阶痛快地下去了，事情的情势也就在这一刻发生了扭转。

在谈判中，用幽默打消对方疑虑，这是谈判成功的基础之一，它可以用开玩笑的方式松弛双方的紧张神经。具体来说，可以拿天气、热点、共同的朋友、兴趣等作为切入点，但要注意幽默的分寸。用幽默打破僵局和打消对方的顾虑，是谈判得以顺利进行的关键。这时只要能够达到目的，什么样的幽默技巧都可以使用，但是最好暂时绕开谈判的主题。

用幽默回敬对方的无礼

【幽默故事】

战国时代，齐国大夫晏子出使楚国。楚王想在接见他之前先侮辱他一番，以此来挫一挫齐国的威风。楚王派人把城门紧紧关闭，然后在城门的边上凿了个仅能容一人通过的小洞，让晏子从这个小洞钻进城内。换了别人，也许会大发脾气或怒而返回，那样就难以完成使命了。

晏子只是轻蔑地一笑，说："只有出使狗国的人才从狗门进去，现在我是出使堂堂的大国楚国，怎能从这样的狗门进去呢？"楚王听说后无言以对，只好命人打开城门把晏子迎了进去。

楚王接见晏子时，看他身材矮小，就挖苦地说："难道齐国没有人了吗？"

晏子随口应答："齐国首都临淄大街上的行人太多了，举袖子就能把太阳遮住，流的汗像下雨一样，人们比肩接踵，怎么会没有人呢？"

"既然有这么多人，怎么会派你这样的矮子为使臣呢？"

"我们齐王派出使者是有标准的，最有本领的人，派他到最贤明的国君那里去。我是齐国最没出息的人，因此被派到楚国来了。"

晏子面对楚王对自己的人身侮辱，从容反击，他顺着楚王的话贬低自己，抬高自己的国家，同时有力地奚落了楚王，说得楚王张口结舌。

【明耻智慧】

晏子以自己的机智和雄辩，打击了对方的嚣张气焰，维护了自己的尊严，从而为后来的谈判在平等互利的基础上进行铺平了道路。谈判的双方要相互尊重。不管双方代表在个人身份、地位上有多大差异，他们所代表的组织在力量、级别等方面如何强弱悬殊，大小不均，一走到谈判席上，就都是平等的。但是，有的谈判代表自恃地位高贵，或背后实力强大，在会谈中傲慢无礼，对另一方挖苦攻击，试图在气势上压住对方，迫其屈服；也有的代表自身涵养不好，谈判不顺利时恼羞成怒，对另一方侮辱谩骂。在此类情况下，如果要不辱使命，不失气节，又不致激化矛盾，使谈判破裂，被攻击的一方可以使用幽默语言回敬无礼的一方，刹住其气焰。

讨价还价的成功

【幽默故事】

有一次，三名日本航空公司代表与美国某公司的经理进行业务洽谈。美国经理表现得精明能干，两个半小时中滔滔不绝，以各种数据材料论证他们的开价。同时，几个日本商人则一言不发地呆坐在那里。

最后，美方经理认为已经做了充分的论证，自信能够争取到有利于自己的价格，这才充满希望地问日本人：

"好啦，我说完了，你们有什么想法？"

"我们没听懂。"日本人很有礼貌地回答。

美方傻眼了："你们什么意思？没听懂？哪个地方没听懂？"

"你讲的全部，"日本人彬彬有礼地要求，"你能再给我们讲一遍吗？"

美方经理的信心与热情被当头泼了一瓢冷水，原来自己的长篇大论都白讲了，而再次陈述两个半小时显然是不可能的。美方只好同意降低价格。

在商业谈判中，价格问题是最关键的一环。双方常常在这个问题上争执不休，相持不下，都想最大限度地争取到有利于己方的价格。而幽默是为自己争取利益的最好的武器。巧妙地利用好这个武器，让你在谈判中为自己取得更大的利益。

用幽默说服对手接受己见

【幽默故事】

有一位很吝啬刻薄的大富翁，和5只狼狗住在一栋别墅里。

一天，富翁请了一位画家到家里来为狗狗画一幅生活照。他要求画家住他家美丽的花园里，描绘出狗狗们活蹦乱跳的各种神态。于是，画家花了3天时间，在他家的花园里捕捉这5只狗玩耍的动作。

画好了之后，画家将画得很生动的图画拿给富翁看，可是富翁却借故挑东拣西，想找借口少付点钱。富翁拿着画左看右瞧之后说道："哎呀！你怎么没有把狗屋给画上去呢？"

"狗屋？"画家一愣。

"是啊！狗屋是狗的家，不画狗屋怎么行？"

画家不动声色地想了想说："好吧！我将画改过后，明天送来给你。"

第二天，画家将修改好的画送来给富翁。

富翁问道："怎么只有狗屋，我的狗呢？"

画家泰然自若地回答道："因为我们现在正盯着它们，所以它们躲进狗屋里不出来了。你先挂在墙上，过些时候没人注意，它们就会出来了。现在，请您付钱，谢谢。"

【明联智慧】

画家运用幽默的语言，既回答了富翁的问题，又捍卫了自己的立场。这样的回答虽然显得有些荒唐，但是以此来回应富翁前面提到的荒唐的要求，却不失为一种良策。这样的回答让富翁哑口无言。赢得一场谈判，最重要的就是要说服对手接受自己的观点，当然，这也是最难的。所以，为了达到说服对方的目的，就要用上各种手段，而幽默之法绝对是其中的首选。

幽默语言彰显自我宽宏

【幽默故事】

在 20 世纪 70 年代末期的一次外贸谈判中，中方外贸代表拒绝了一位红头发的西方外商的无理要求，那位商人顿时恼羞成怒，竟然对中方代表开始进行人身攻击："代表先生，我看你皮肤发黄，大概是营养不良造成你思维紊乱吧?"

中方代表听到如此无理的人身伤害立即反击道："经理先生，我既不会因为你皮肤是白色的，就说你严重失血，造成你思维紊乱；也不会因为你的头发是红色的，就说你吸干了他人的血，造成你头脑发昏。"一句话说得外商面红耳赤，哑口无言。

【明眸智慧】

显然，这位西方外商非常蛮横无理，他在无理要求被拒后就转而对我方人员进行人身攻击，这实在是很粗俗的行为。如果我方和他对骂，只会显得我方也和他一样无礼，所以我方代表采用了这种故作否定的方法，在辩词前加了"不"等否定词，这样既有力地反击了对方，又不会给对方落下话柄，成功地维护了我方的尊严。这种在幽默中回敬对方无礼攻击的做法，既显示出了一个人的足智多谋和宽宏大度，又映衬了对方的浅薄和狭隘，树立了自己光辉的人格和形象。聪明的谈判者总是很善于运用此法达到自己的目的。

用幽默营造谈判中的氛围

【幽默故事】

1943 年，英国首相丘吉尔和法国总统戴高乐由于对叙利亚问题的意见存在分歧，两人心存芥蒂。直接原因是戴高乐宣布逮捕布瓦松总督，而此人正是丘吉尔颇为看重的人物。要解决这一件令双方都感棘手的事，只有依靠卓有实效的会晤了。

丘吉尔的法语讲得不是很好，但是，戴高乐的英语却讲得相当流利。这一点，是当时戴高乐的随员们以及丘吉尔的大使早就知道的。

这一天，丘吉尔是这样开场的：他先用法语说道："女士们先去逛市场，戴高乐将军、其他的先生跟我去花园聊天。"然后他用足以让人听清的英语对大使说了几句话："我用法语对付得不错吧，是不是？既然戴高乐将军英语说得那么好，他是完全可以理解我的法语的。"语音未落，戴高乐及众人听后哄堂大笑。

【明耶智慧】

丘吉尔的这番幽默消除了谈判双方参与人员的紧张情绪，营造了良好的会谈气氛，使谈判在和谐信任中进行下去。在谈判开始后，先问候对方，轻松地引入谈判的话题，讲究策略，有理有节，求同存异，必要时运用一些幽默诙谐的语言，调节一下紧张沉闷的空气，放松一下绷得太紧的神经，营造轻松愉快的气氛，是很有用的。轻松愉快的气氛能激发人们的想象力，增进人们的感情。反之，沉闷抑郁的环境，很容易滋生猜忌和隔阂。因此，在营造良好的谈判氛围中，幽默能起到关键作用。

用幽默姿态缓和紧张形势

【幽默故事】

在一次商务谈判中，双方唇枪舌剑，气氛十分紧张。为了缓和这种紧张的气氛，一方的老板说："大家知道吗，我才高中学历，而且我上学时，成绩很差，但只有英语一科没有不及格"。

大家立刻被他的话吸引住了，纷纷问道："为什么呢？"

这位大老板立刻回答道："因为我的学校开设英文和俄文两门外语，而我只选修了俄文！"

大家都笑了，谈判在愉快的气氛中进行，最后双方达成了协议。

【明耶智慧】

在谈判中采用幽默姿态，可以缓和紧张形势，制造友好和谐的气氛，从而缩短双方的距离，淡化对立情绪。谈判在人们的印象中，似乎永远是严肃、庄重的，一些政治上、商业上的重要谈判尤其如此。其实，谈判固然有利益的争执，甚至有"你死我活"的唇枪舌剑，但并不意味着是谈判的气氛就必须得是严肃，甚至是死气沉沉的。相反，越是友好轻松的气氛，越能淡化对方的对立情绪。而幽默正能体现这样的润滑作用，它通常可以缓和紧张形势，制造友好、轻松的气氛，使谈判更融洽。

幽默扭转谈判乾坤

【幽默故事】

有一次，一个贵妇人打扮的女人牵着一条狗登上公共汽车，她问售票员，"我可以给狗买一张票，让它也和人一样坐个座位吗？"售票员说："可以，不过它也必须像人一样，把双脚放在地上。"

【明职智慧】

当你作为顾客与店主进行谈判时，你有没有运用语言技巧呢？正如售票员一样，他没有否定答复，而是提出一个附加条件：像人一样，把双脚放在地上，这就限制了对方，从而制服了对方。"不战而屈人之兵"，谈判高手往往对谈判技巧驾轻就熟、游刃有余，从策略、方法、技巧和个人魅力上先立于不败之地。

为了让对方了解你的想法，你一定要让对方明白你的谈话，声东击西、兜圈子的话往往并不能增加谈判成功的可能性。一些谈判人员如果言语含蓄幽默一些，就能够对沟通营造出一种和谐的气氛，从而使谈判顺利进行。因此谈判者要学会运用幽默来表达自己的感受与观点，而不是要用生硬的语言指责对方。在双方激烈的谈判当中，不能缺少幽默，有了幽默来助阵，谈判才更容易获得全局性的胜利。

第十一章　管理中的幽默

——用幽默提升管理效果

　　人性化管理，是新时代的领导者急需努力学习的管理模式。富有幽默艺术的领导，总能够让他的团队既开心又卖力地工作。

幽默亲和的上司形象

【幽默故事】

下面是一个下属对他的老板的看法：

"我的老板，是一个报纸发行人，他是世界上最富有幽默感的人之一。"杰米说，"他经常用一些幽默风趣的语言给我们讲一些笑话，以此来拉近与我们的距离，活跃办公室的气氛，我们大家都非常喜欢他。为了收集更多的笑料，他在办公室里设了一个建议箱，很多笑话他都是从这个建议箱里得到了灵感。他太喜欢自己的笑话了，常常花很多时间去编撰。"

"他常常去开这个箱子，然后滔滔不绝地说：'这个建议箱真不错，是用上好的松木做的。你可以从洞里看出是多节的松木，你可以看到洞里风光。但是底部没有洞，你看不到地板风光。'"

【明职智慧】

从事例中人们可以看出杰米的老板是多么渴望在下属心中树立起他幽默、容易亲近的形象。其实，不管这位老板的做法能不能取得大的成效，只要他心中有一种和员工亲近、交流的想法，相信他一定能与员工达到良好的沟通，建立一种和谐的关系。有一次，美国329家大公司的行政主管参加了一项幽默能力的调查。由一家业务咨询公司的总裁霍奇先生主持此项调查，结果发现，97％的主管人员相信：幽默在商业界具有相当的价值；60％的人相信：幽默感能决定一个人事业成功的程度。

各行业人士都对幽默的作用给予很高的评价，工商业界高阶层的领导人更是借助幽默来改变他们在职员心目中的形象，改善大家对整个公司的看法。每一阶层的领导人和经理人在建立与下级的良好关系上，也都转而向幽默求助。他们都希望下属把他们看成有亲和力的上级。

幽默让管理更人性化

【幽默故事】

有家公司为了提高主管人性化管理的水平，特别为主管安排了有关"沟

"通"的培训课程。

上了一个星期课之后，有位主管在责备老是迟到的一个部属时挖空心思，想在批评他的时候又能保住他的面子。

他把这个部属找来，面带笑容地对他说："我知道你迟到绝对不是你的错，全怪闹钟不好。所以，我打算送一个人性化的闹钟给你。"

这个主管对部属挤了挤眼睛，故作神秘地说："你想不想听听它是怎么人性化的？"

下属点点头。

"它先闹铃，你醒不过来，它就鸣笛，再不醒，它就敲锣，再不醒，就发出爆炸声，然后对你喷水。如果这些都叫不醒你，它就会自动打电话给我帮你请假。"

【明眸智慧】

人说做职员容易做管理者难，管得轻了效果不佳，管得重了会引起员工的反感，看来要做一个好的管理者确实不太容易。在此给管理者提供一个对员工进行人性化管理的方法，那就是幽默的管理方法。

克雷夫特公司总裁毕尔斯认为："幽默感是衡量一个领导人员是否具有活泼、弹性心智的重要标志。有幽默感的人通常不会把自己看得太重要，而且比较能做出好的决策。"身处高位的企事业负责人，在人们的心目中往往有一种高不可及的印象，而有远见的高层人士往往希望运用幽默的力量来改变他们在公众心中的形象，改善大家对他所领导的公司的看法。而这种形象的树立，就是建立在高层领导人借助幽默对下属进行人性化管理的基础之上的。

美化你在下属心中的形象

【幽默故事】

有一位叫K的年轻人，他所在公司的经理对下属非常严厉，公司员工都叫他"雷公"。

有一天K从外面回来，看到经理位子是空的，以为他不在，就对同事说："雷公不在吗？"

说完发现屏风另一边，经理正与客户谈生意。经理听到了他的话，K坐立不安，以为大祸临头。客户走后，经理来到了K身边，K惊恐地向经理道歉。

没想到经理微笑道："我们的雷公并不一定夏天才会响的。"

K 听了这句话，比平常挨骂效果好上百倍。经理也通过幽默改变了在员工中的形象。

【明晰智慧】

K 的经理改变以前严厉的管理风格，尝试使用带有幽默感的人性化管理方法并取得了良好的效果。上级在对下属进行管理中，批评与责备有时是必要的，不可缺少的。然而，事实上，一贯地指责和批评很难使自己的下属欣然接受，也难以取得好的管理效果。鉴于此，如果在管理中采用夹带着浓厚幽默语言的人性化批评，通过满面的笑容来进行管理，那就冲淡了批评与责备的意味。在说者有意，听者有心的情况下，保全了对方的自尊，也达到了管理的目的。运用幽默来美化自己在下属心中的形象，往往可以使领导者取得意想不到的效果。

用幽默聚集员工

【幽默故事】

领导要求一个赶着赴男朋友约会的女孩留下来加班时，他不会威胁道："没了这么好的工作，你在男朋友眼里就什么都不是了！"而是幽默地说："我的头脑是586，你们年轻人是奔腾Ⅳ，所以那份报告应该可以很快给我才对。"

【明晰智慧】

幽默作为一种艺术，在工作中有着重要的作用。尤其是对于领导来说，如果富有幽默感，则很容易在自己的周围，聚集一批为他效力的员工。员工之所以愿意与幽默的主管共事，很多时候是因为主管的幽默，会帮助员工摆脱许多尴尬的局面。员工保住了面子，自然会为有这样的主管而高兴，并为之勤奋工作。

幽默的领导有号召力，只要他一张嘴，就能把下属哄得高高兴兴地去拼命工作，既替公司省了薪水，又能出色地完成工作。幽默的领导一定会和下属打成一片，让下属有"大家是一体"的感觉，而不是事不关己地站在岸边指挥。遇到这样的主管，下属就算做出让步也是情愿的。

懂得欣赏与赞美他人

【幽默故事】

美国前总统柯立芝有一位漂亮的女秘书，人虽长得漂亮，但工作中却常粗心出错。一天早晨，柯立芝看见秘书走进办公室，便对她说："今天你穿的这身衣服真漂亮，正适合你这样年轻漂亮的小姐。"

这几句话出自柯立芝口中，简直让秘书受宠若惊。柯立芝接着说："但也不要骄傲，我相信你的公文处理也能和你一样漂亮的。"果然从那天起，女秘书在处理公文上很少出错了。

后来，一位朋友知道了这件事，就问柯立芝："这个方法很妙，你是怎么想出来的？"柯立芝得意扬扬地说："这很简单，你看见过理发师给人刮胡子吗？要先给人涂肥皂水，为什么呀，就是为了刮起来使人不疼。"

【明眸智慧】

懂得欣赏别人正是形成良好人际关系的一个重要途径。如果你不懂得欣赏他人的优点，这实际上是切断了你同这个世界的联系，你的官职、学位对人性的需要毫无用处。当你开始让人觉得冷酷无情，甚至厌恶的时候，你的管理对下属而言只能是勉强的服从，而没有半点主动的意识在里面。在这样的状态之下，是不可能创造出较高的工作效率和业绩来的。

作为领导，当你运用幽默的力量去管理下属时，你会发现不仅你的意见更容易被下属接受，而且也能使下属更自由地发挥创意的进取精神。幽默力量能改善你的将来——因为你的属下或同事会认同你，感谢你坦诚相待，以及分享笑声，轻松奉献自己的能力。

幽默管理，效果更好

【幽默故事】

美国加利福尼亚州太阳微软件系统公司的技术人员们，每年都要精心策划一场"愚人节"闹剧。有一次，公司总裁斯格特·卡尼拉上班时发现，他的办公室变成了一个微型高尔夫球场，而且满是用沙子弄成的小陷阱。公司管理人员没有把这番闹剧和肇事者加以惩处，反而对他们的行为大加赞赏。他们认为：这种闹剧（幽默）不仅可以使员工们在工作中通力协作，而且还可以鼓舞士气。

【明眼智慧】

从管理的角度来看，幽默应该成为一个领导者的手中宝。当今社会，竞争在加剧，企业员工面临着超乎寻常的压力。对公司而言，如何保持员工的士气，同时又能激发他们的创造性和"突破桎梏的思维"，显得比任何时候都重要。

在管理中，幽默还是一种非常有效的减压方法，在压力极大的情况下，一句幽默的语言能让人马上转变心情，鼓舞团队士气。如今大多数管理者都喜欢采用立军令状的手法分派任务，这样一来，时常会给下属造成巨大的压力。假如通过幽默手法，或许更能激励下属。幽默的领导比古板严肃的领导更易于与下属打成一片。有经验的领导都知道，要使下属能够和自己齐心合作，就有必要通过幽默使自己的形象人性化。

幽默在管理中的神奇力量

【幽默故事】

美国欧文斯纤维公司曾在新世纪之初解雇了其40%的员工，但足，没有出现一例聚众闹事、阴谋破坏、威胁恫吓、企图自杀等可怕后果。原来公司高层考虑到可能由此而引起的种种问题，该公司管理层聘请了专门的幽默顾问，利用两个月的时间对1600多名员工施行了幽默计划，在公司内开展了各种幽默活动。据美国针对1160名领导者的调查显示：77%的人在员工会议上以讲笑话来打破僵局；52%的人认为幽默有助于其开展业务；50%的人认为企业应该考虑聘请一名"幽默顾问"来帮助员工放松；39%的人提倡在员工中"开怀大笑"。

【明眼智慧】

幽默对于整个公司的利益，具有一种神奇力量。在一些西方国家，当遇到经济衰退的情况，公司不得不利用裁员来解决问题时，就可以利用幽默来化解裁员过程中可能出现的各种风险。幽默的力量还可以融洽人际关系，化解公司的内部矛盾。国际上一些著名的跨国公司，上至总裁，下到一般部门经理，已经开始将幽默融入日常的管理活动当中，并把它作为一种崭新的培训手段。幽默作为管理者的一种优良、健康的品质，恰如其分地运用会激励员工，使之在欢快的氛围中度过与你相处的每一天。

幽默比行政手段更实用

【幽默故事】

某著名跨国公司董事长在给员工演讲时，静静的会场上有人放了一个响屁，与会者的眼睛全睁得大大的，紧张地注视着主席台上这位平时不苟言笑的老头子，等着他的"万钧雷霆"。董事长扫了会场一眼，摘下眼镜说："我们生活在一个民主的国度里，有意见可以站起来提，不必在下面抗议。"幽默的语调使全场发出了潮水般的笑声。

【明职智慧】

这次会议，是该公司有史以来最成功的一次会议。人们不能否认这多半应该归功于董事长的幽默。但是，反观有些领导，开展工作时总是习惯板着脸，满口的官腔，生怕别人不把他当领导，这种做法却无形中疏远了和下属的关系。幽默是一种高雅的领导艺术，作为现代领导者，如果总是一副不苟言笑、以威慑人的形象，不仅达不到良好的管理效果，还会导致强烈的逆反心理。唯有适当地使用幽默来处理工作中的问题，才是真正聪明而有能力的领导。

让领导者变得更亲和

【幽默故事】

林肯与一位朋友白兰德边走边交谈，当他们走至回廊时，一队军人早已等候多时，准备接受总统训话的士兵齐声欢呼起来，而那位朋友还没有意识到自己应该退开。

这时，一位副官走上前来提醒他退后，这时白兰德才发现自己的失礼，立即涨红了脸，但林肯随即微笑着说："白兰德先生，不要紧，你要知道，也许他们还分辨不清谁是总统呢！"

【明眸智慧】

就这么简简单单的一句话语，立刻打破了现场的尴尬气氛。幽默能增强人的亲和力。一些领导者受传统思维方式影响，一本正经，不苟言笑，呆板做作，往往使下属或者产生距离感敬而远之，或者产生蔑视感而无视其管理。然而那些说话轻松幽默、举重若轻、活泼乐观、自然洒脱而又待人真诚、干练泼辣的领导者，往往能赢得下属的爱戴和欢迎。

给"官范儿"加点笑料

【幽默故事】

有一次，某市长到下辖的县级市去视察工作，该县级市的副市长姓管，管市长正准备向他汇报工作、申请城市建设的贷款。

这位市长幽默地说："管市长，你一来，我就紧张，我是市长，而你是管市长的，贷款一定给你们。"

管市长说："我只能管小市（事），不能管大市（事）。"

过了一会儿，管市长又一本正经地说："我这也是为了母亲的微笑，为了大地的丰收嘛。

【明眸智慧】

做领导没必要时刻都板着面孔，摆出一副严肃的样子，让下属觉得有很大的距离感，不敢轻易接近。更不要担心自己的幽默，会使自己身份"掉价"，事实恰恰相反，那些懂得给自己的"官范儿"加些幽默的人往往更受欢迎和爱戴，也显得更加富有气魄和领导的魅力风范。好领导不仅要在施政手段上雷厉风行，一心扑在政绩上。还要懂得幽默的技巧，懂得亲近"民众"赢取"民心"，这样才能真正成为受拥戴的好领导。幽默作为一种激励艺术，在工作中有着重要的作用。尤其是对于领导来说，如果富有幽默感，则很容易在自己的周围，聚集一批为自己效力的员工。所以说，幽默的领导，永远比到处发"官威"的人更受欢迎。

管理中的轻松氛围

【幽默故事】

第二次世界大战期间，有一次，艾森豪威尔到一支军队去视察时接见了一名士兵。士兵平生第一次遇到这样重大的场面，因此看起来紧张不安。

艾森豪威尔看到士兵紧张的样子后，首先微笑着开口问道："我的孩子，你现在的感觉怎样？"

士兵诚恳地答道："报告将军，我感到特别紧张。"

艾森豪威尔笑着说："噢，是吗？那我们可真是想到一块去了，说实话，我也跟你一样，我亲爱的孩子。"

【职场智慧】

士兵听到艾森豪威尔幽默的话语之后，紧张的情绪很快便放松下来，之后与艾森豪威尔的谈话便显得自然多了，而且，这位士兵在此次谈话之后，变得激情饱满，在战斗中屡建功勋。上司的幽默能够创造出一种轻松融洽的氛围，这种幽默的激励使得下属更愿意去努力工作。各行业人士莫不对幽默力量给予很高的评价。工商业界高阶层的负责人，运用幽默力量来改变他们的形象，改善大家对整个公司的看法。每一阶层的领导人和经理人在人事的甄选与训练上，也转而向幽默力量求助。

油腔滑调有失身份

【幽默故事】

肖颖从一家"死板"的公司辞职后，应聘到了一家广告公司。第一天上班时，经理就对他许诺："在这里你肯定会很开心。"可后来肖颖才发现，经理实在幽默得太滥了。整天笑容可掬，玩笑不断。结果，由于领导本身不像样子，员工们干啥都嘻嘻哈哈，纪律散漫，业务上漏洞百出。最后经理被老板炒掉了。

【明职智慧】

领导的幽默不幽默，也许跟职位也有关系。像中层领导，管理具体事务，有着"把关认真"的口碑，他的作风就是很认真，训起人来不留情面。这样，业务倒也管理得非常好。而上层领导的幽默就多些，他们是决策层，平时并不需要对具体员工表示出鲜明的态度，所以幽默感使他们显得没有架子、平易近人。职员应该理解领导幽默感上的差别，总之要能够相处好、共事有效率。

一个企业的领导如果总是不苟言笑，企业自然会缺乏活力，员工也就没有生命力了。但有一些领导，天生缺乏幽默细胞却硬要在员工面前树立幽默的形象，结果往往被"油腔滑调"替代了，给人庸俗、无聊的感觉。所以，人们需要给他们带来快乐的领导，但人们更需要给他们带来健康快乐的领导。这才是企业经理应该具备的。

幽默形象除去官威

【幽默故事】

孙中山有一次在广东大学做民族主义的专题演讲。但是礼堂非常小，听众很多，再加上天气闷热，很多人都没精打采。见此情景，孙中山便讲一个故事：

孙中山说自己在香港读书时，看见许多苦力聚在一起谈话同时哈哈大笑。孙中山觉得奇怪，便走上前去打听说的内容。有一个苦力说："后生哥，读书好了，知道我们的事对你没有什么帮助。"又一个告诉孙中山说："我们当中的一个想发财，买了一张马票，他牢牢记住马票上的号码，而把马票藏在日常用来挑东西的竹杠里。等到开奖，竟真的中了头奖，他欢喜万分。以为领奖后可以买洋房、做生意，这一生再也不用这根挑东西的杠子过生活了，一激动就把竹杠狠狠地扔到大海里。不消说，连那张马票也一起丢了。因为钱没有到手先丢了竹杠，结果是空欢喜一场。"

孙中山讲完这一段风趣的故事，引来台下一片笑声。孙中山接着回到本题："对于我们大多数人，民族主义就是这根竹杠，千万不能丢啊！"这个充满幽默感的故事不仅让昏昏欲睡的人们清醒过来，最终演讲在愉快的氛围中顺利完成了。

【明联智慧】

形象式的幽默，语言要富有幽默感，就必须言之有物，使其形象生动。这是因为，真实、形象、生动的语言，能促使人产生联想，让人感觉回味无穷，而下属在听到这些话之后也会深深地印在脑海里，慢慢回味。实践证明，幽默的领导，永远比到处发"官威"的人更受欢迎。领导者需要幽默，因为有些时候，会运用幽默的技巧甚至比传统的行政手段更能发挥奇效！

幽默让上司对你首肯

【幽默故事】

在唐明皇开元年间，音乐家黄幡绰供奉于宫廷。有一次，唐明皇和诸王在一起宴饮。宁王在吃饭的时候不小心，呛到气管里，一下子喷了出来，喷到了皇帝的胡须上。宁王大吃一惊，又惭愧又害怕，吓得浑身哆嗦。

正不知如何是好，黄幡绰解围说："这不是呛饭了。"

"那是什么呢？"皇帝惊奇地问。

"是喷帝。"黄幡绰镇静自若地回答。

黄幡绰的话是利用了"喷嚏"与"喷帝"的谐音，这番话幽默风趣，把唐明皇逗得哈哈大笑，皇帝笑了，紧张的气氛自然也缓和了下来。

【明联智慧】

幽默是一种轻松愉快、机智巧妙的语言艺术，也是人类智慧的结晶。它不光是调节气氛的润滑剂，必要的时候也可以转化为保护自己的武器。尤其是面对领导的怒火和责罚，适当地幽默，是完全可以实现自保目的的。在平时与上司的接触中，适当地幽默不仅能给上司留下一个好的印象，而且还会让上司对你的能力进行肯定。

做平易近人的老板

【幽默故事】

艾科是某大公司中一个部门的主管。身为经理，他心理上的问题是："我这部门里的人真正喜欢我吗?"幸而艾科有幽默感，并把他的幽默感运用到与员工融洽感情上。来看看发生在圣诞节期间的一件小事：

艾科去开一项业务会议回来，发现他属下的职员们聚在办公桌旁，哼唱着韩德尔的神曲《弥赛亚》中的一段——哈利路亚大合唱。由于他的出现促使每个人匆忙奔回工作岗位。

但是艾科没有皱眉头表示不悦，也没有大声责骂，只是说："刚刚好像听到弥赛亚来了。大家怎不请他等我一下?"

艾科通过幽默的方式让职员感受到他是容易亲近的。

【职联智慧】

《芝加哥论坛报》工商专栏的作家那葛伯，也曾经访问了很多家大公司的主管人员，而后整理出几位高级经理人员的做法。他发现愈来愈多高阶层的领导人，希望他们在同事和大家眼中的形象更人性化一些。这些领导人大多是与员工一同吃饭、一同欢笑。不过有的时候，老板的讲话方式不妥也会使部下很不愉快。这就是造成彼此对立的一个原因。因此，老板不应当仅仅看到部下的工作情况和成绩，还应当了解他们内心的烦恼。老板讲话时要极为慎重，注意不要伤害部下的感情，学会做一个平易近人的老板。

宽容下属的缺陷

【幽默故事】

某公司的销售部，有个叫金鹏的销售员，他年轻时候脸上长过很多青春痘，满脸都是疤痕。

一天，一个职员神秘兮兮地跟另一个职员说："嘿，看这张照片，你猜是谁?"

众人挤过来一看，原来是一个橘子皮。

"你拿金鹏的照片干吗?"其中一个人喊。

大家爆笑,于是"橘子皮"就成了金鹏公开的绰号。

金鹏本人感到十分委屈,且恼火万分。

总经理实在看不过去,有一次更正道:"我知道大家最近都说金鹏是'橘子皮'。我们不能拿同事的缺陷乱开玩笑,这样做不道德,也太不照顾同事的情绪了。"顿了顿,他又说:"我宣布,你们以后再说起他的长相时只可以说:金鹏,喀喀!他长得很提神。"

【明职智慧】

如果你善于体谅和宽容下属的话,那么,你就会看到下属身上的优点比缺点多得多,你也就能与同事更好地相处,你的工作就会轻松得多;然而,现实中同事之间总有许多矛盾发生,这多是一些人宽于律己、严以待人造成的。公司是一个讲究团队合作精神的地方,你必须有全局意识。如果你遇事不够宽容,那给人的感觉就是你是一个目光短浅和心胸狭窄的人。这种只看重眼前利益的人在现代职场上是不会有什么作为。真正具有幽默感的人能发现同事的优点,能够看到同事光辉的一面,而不是着眼于同事的错误和缺点。你应该敞开胸怀,去了解、接受同事的小错误,增进与同事之间的感情。

幽默让领导更轻松

【幽默故事】

美国一位肥胖的女政治家在竞选演讲中自我解嘲:"有一次我穿上白色的泳装在大海里游泳,结果引来了苏联的轰炸机,他们以为发现了美国的军舰。"结果在笑声中,选民反不以其肥胖为碍,使她在竞选中处于优势。

【明职智慧】

从管理的角度看,幽默不只是孩童的把戏,开心的笑脸,它和提高生产效率应该是相辅相成的。竞争的加剧,经济的动荡,企业员工面对着超乎寻常的压力。对公司而言,如何保持员工的士气,同时又能激发他们的创造性和"突破桎梏的思维",显得比任何时候都重要。

当然,幽默是一种创造性的本领,要随机应变,根据对象、环境以及刹那间的气氛而定,但也需注意以下技巧:一是不要随意幽默。幽默并不是随时随地都可以运用的，应在某些特定的场合和条件下发挥幽默。例如，在一个正式的会议上，当你的下属在发言时，你突然冒出一两句逗人的话，也许大家被你的幽默逗笑了，但发言的那位下属心里肯定认为你不尊重他，对他的发言不感兴趣。二是幽默要高雅才好。三是不幽默时无须硬要幽默。如果当时的条件并不完备，你却要尽力表现出幽默，其结果必定是勉为其难，到底该不该笑一笑呢？这会令彼此陷入更尴尬的境地。

幽默的上司最受下属拥戴

【幽默故事】

某公司的新经理是从外地派来的，他的普通话说得不太好。在一次会议上，他在讲到某一问题举例说明时，把"我有四个比方"说成了"我有四个屁放"，顿时会议室里爆发出一阵大笑。

这位新经理见此情景，自己也笑了，但是他马上灵机一动，随即念出了一首打油诗："四个屁放，大出洋相，各位同事，莫学我样，早日练好普通话，年轻潇洒又漂亮。"新经理以他幽默的风趣赢得了公司所有员工的喜爱和拥戴。

【职场智慧】

在职场中，一个上司要想赢得下属的拥戴，幽默是最便捷、最有效的方法。幽默的上司不仅能够创造轻松的工作气氛，而且能够提高员工的工作效率。上司如果能够以幽默的语言对待下属，就能形成快乐的工作氛围，与下属的相处也会变得其乐融融。上司在与下属相处时，如果能运用幽默与下属谈笑风生，就能创造出快乐、轻松的气氛。

品德让管理更轻松

【幽默故事】

周恩来总理是党和国家德高望重、魅力四射的领导人，深受全国和世界人民的爱戴。他逝世时，联合国破例为他降半旗致哀。对此，绝大多数国家赞成，当然也有个别国家反对。

时任联合国秘书长的瓦尔德海姆立即召开会议，做了一分钟的讲话。他说："联合国破例降半旗为周恩来总理致哀，是我决定的。为什么呢？原因有二：第一，中国是一个文明古国，她的金银财宝多得不计其数，她使用的人民币多得我们数不过来。可是她的周总理在银行却没有一分钱存款！第二，中国有10亿人口，占世界人口的1/4，可是她的周总理没有一个自己的孩子。你们任何国家的元首，如果能做到这其中一条，在他逝世时，总部将照样为他降半旗致哀。"短短一分钟的即席讲话，就把周总理的光辉形象凸现出来，使与会的各国代表肃然起敬，心服口服。

【职场智慧】

一个才华横溢的领导，可以使人产生一种信赖感和安全感，即使在非常困难和极度危急的情况下，员工也会甘心情愿跟着他去战胜困难、共克时艰。"德"是做人的准则，也是组织管理者必要的修养。管理者的内在涵养、道德情操都对下属起着表率作用。管理者平时关怀下属的生活和工作，可使下属更敬重而且心悦诚服。

适合的人做适合的事

【幽默故事】

老板因为公司接电话小姐说话粗鲁无礼而加以训斥，并且把电话礼仪及应对技巧写在一张纸条上，希望她以后接电话的时候，就照纸条上写的与客户应对进退。

5分钟后，电话铃声响起，小姐随手拿起桌上的电话。

"喂，请问老板在吗？"对方急切地问。小姐马上找纸条，可是找了老半天，就是找不着。

"喂，请问老板到底在不在？"对方再一次不耐烦地问。

小姐急得汗珠直落，紧张地说："这个该死的东西，刚刚明明还在，怎么现在却不知死到哪去了？"

【职场智慧】

要把适当的人放在适当的位置，才能让他做出适当的事。企业在选聘人才时，应考虑其能力是否与职位的要求相匹配。只有选择适合职位要求的人才才能为企业创造价值。管理的任务很简单，就是找到合适的人，并将他放在合适的位置上。企业所需的人才有时就像企业生产产品所需的材料一样，必须十分合适，如果所选人才不合适，是无法满足企业的需要的。让合适的人做合适的事，人尽其才，不仅能有效发挥人才的价值，还能有效提高员工的有效工作能力，这对企业和员工都是件十分有益的事情。

幽默让你排解乏味

【幽默故事】

在一个特别注重礼仪的国家里。有一个职员从经理身边走过，没有向他行礼，经理把职员叫了回来，说："你没有向我行礼，为此你将要受到处罚，我将罚你向我行100遍礼。"

正在这个时候，总经理走了过来，见职员一个劲地在向经理行礼，于是就向经理问道："这是怎么回事？"

经理回答说："这个不懂礼貌的家伙不向我行礼，因此我罚他向我行100次礼。"

总经理笑着说："对，一点儿也不错，不过，经理先生，请你也不要忘记，你也得向他回敬100次礼。"

【明职智慧】

一个逗人发笑的幽默，能给沉闷的工作带来一些兴奋，提高工作效率。在工作中，碰到一些难办的事情，用幽默方法可以很快地解决。幽默不但可以表现出机智，还可以缓解紧张乏味的工作。对于身处职场中的职员来说，幽默就像是一杯咖啡，能够让你快速地兴奋起来，更好地工作。

幽默对待工作中的困难

【幽默故事】

某公司在一次股东会议上，有人向董事长提出了许多质疑和批评，甚至有人对他大声抱怨。有一个女人厉声问道："董事长先生，在过去的一年中，公司在职工的福利方面用了多少钱？"

董事长说："五百万元,"

那个女人听了,惊讶地说:"我想我快要晕倒了!"

董事长解下自己的手表和领带,放在桌上说:"亲爱的女士,在你晕倒之前,请接受这项投资吧!"

在场的股东们都笑了起来。他的幽默表示企业很重视员工的需要,他本人也确实关心职员的需要。如果需要的话他可以牺牲自己,但资金有限也是事实。

【明联智慧】

面对工作中的困难,用幽默的态度对待,就能够让自己成功地走出困境,从而让自己掌握主动权。采用幽默的形式,戏剧性地表达出自己的观点,可以使人对你产生信任。对于身处困难之中的人来说,如果以平常的心境看待自己的遭遇。并巧妙地用幽默化解,就能够轻松地突出困难管理的重围。

幽默批评让对方更易接受

【幽默故事】

小雷是炮兵连中的一个班长,他比较懒惰,只要不打炮,他从来都不清扫炮膛。

一位将军视察炮兵连。他让炮手们当面演示一次高射炮射击的过程。时间不长,所有的火炮都指向天空。

将军对小雷说道:"就由你最先射击!"

听到命令,小雷急忙打开炮闩。在开闩的一瞬间,一个白色的小球从炮膛里掉下来,小雷迅速地把小白球接到了手里。原来是一个鸟蛋!小鸟竟然在炮口处筑了一个鸟窝。

此时,将军大声对他喊道:"小伙子,炮膛里掉出了什么东西?"

小雷说:"报告将军,是鸟蛋,啊,不,是这门大炮下的蛋!"

将军要过鸟蛋,看了看,然后对小雷喊道:"从今以后,这门大炮什么也不用干了,就让它每天给我下个蛋吧!"

小雷的脸一下子红了。

【职场智慧】

巧用幽默的形式，以半开玩笑半认真的方式表达自己的想法，可以做到批评对方也不伤和气，更不会让对方难堪、丢脸。巧妙运用幽默，可以使得职场中的批评，带有诙谐风趣、轻松活泼的韵味，这样将会产生较好的批评效果。

幽默表达你的意见

【幽默故事】

有位同事每天上午进办公室后都会睡上一个小时，为此耽误了不少工作。作为刚来的上司，小李就要承受更大的工作压力，对此他很不高兴。小李很想找个机会批评对方一顿，但是又怕引起对方不快。有一天，小李找到了妥当的方式，他对那位同事说："如果你少做点'白日梦'，凭借你的能力，一定可以当主管。"那位同事听了小李的批评后，不仅没有生气，反而为对方认同自己的能力感到兴奋，在上班时间也尽量克制自己不再睡觉了。

【职场智慧】

心理学家指出：工作中，同事之间容易发生争执，有时还会搞得不欢而散甚至使双方结下芥蒂。发生了冲突或争吵之后，如果处理不好，就会在心理、感情上蒙上一层阴影，为日后的相处带来障碍。所以当你对同事或者下属的意见存在异议时，首先要学会聆听，然后开个得体的玩笑，可以松弛神经，活跃气氛，创造出一个适于工作的轻松愉快的氛围，因而诙谐的人常能受到同事们的欢迎与喜爱。

幽默面对外来压力

【幽默故事】

亚柏在当选美国钢铁工会主席时，有不少人对他表示冷漠，其中有人公开历数他的缺点。亚柏在宾州的强斯敦镇演说时，听众哗然，叫嚷着要他下台。

这时亚柏微笑着说："谢谢各位。我等一会儿就下台，因为我刚刚上台呀。"

一句话把那些反对他的听众逗笑了。

【明耻智慧】

亚柏式的幽默以间接的方式认可了反对者的不满，同时也表达出自己对自己也是不甚满意。于是，他和他的反对者达成了一种默契，即互相谅解，以发展的、宽容的眼光对待眼前的现实。假如他在这关键时刻张皇失措、应声下台，或者以激烈的言辞回敬反对者，把自己推到了敌人的位置上，那么他永远也不会当上钢铁工会主席。亚柏深深懂得以什么方式来面对人生中突然出现的风暴。他以极其诚恳的方式表现出来的幽默，拉近了人我之间的距离，填平了人我之间的鸿沟。

在你攀登人生顶峰的途中，必然会遭到许多外来的阻力，也一定会有不少的机遇。只要你拥有良好的心理状态，学会用幽默的方式来应对，就能化解困境，将很多转瞬即逝的机遇握在手中。

第十二章　辩论中的幽默

在辩论场上与对手辩论时，或者在生活中与人发生争执时，幽默论辩常常可以让人立于不败之地，并且能够化争执为会心一笑。幽默论辩有着强大的力量，常常能发挥通常意义上的证明与反驳所无法达到的作用。

幽默言谈，雄辩奇葩

【幽默故事】

在一次题为"走向 2000 年电视辩论赛"的角逐中，辩论员在论辩中几乎妙语如泉，例如：

"公共汽车一进站，不论男女老少，个个是气运丹田，左右开弓，南拳北脚，各显神通。"

"过去，老式缝纫机一架，傻笨自行车一辆，再加上个能听'样板戏'的匣子，足以令普通中国人心醉得想舞曲'忠字舞'。"

【明眸智慧】

幽默给辩才们增添了灵气，智慧的火花不断在他们的辩词中闪光。如果说，论辩是双方拼死相争的一座奇绝险峰，那么，幽默就是雄辩用来占领峰巅的一枝飘逸秀美的奇葩。它使雄辩充满诗意的力度。风趣幽默在论辩中不仅不会弱化谈锋，而且能增强语言的力度，使它更准确、明了，具有一定深度，给听众"四两拨千斤"的感觉。

以守为攻，彰显效果

【幽默故事】

一位众所周知出生于卑劣家庭的人向勒利尤斯喊道："你背叛了自己的祖先！"勒利尤斯反唇相讥道："你呢，你丝毫没有背叛自己的祖先！"这句话引起哄堂大笑。勒利尤斯一句话便赢得了大众的支持。

【明眸智慧】

勒利尤斯以守为攻，以静制动，以不变应万变，出其不意地运用言语幽默回击了对方。所谓"以静制动的幽默"就是在对话或者辩论中，对话的一方滔滔不绝，妙语连珠，似乎已经把对方难倒或者弄到十分窘迫的境地，还不断地变换诘难对方的方式，自以为得计，正在等待对方"坐以待毙"，却万万想不到，看似处于窘境的这一方，却把原来的话题捡起来，三言两语，抓住要害给对方以回击，置对方以猝不及防、哑然失色的地步。

古罗马雄辩家西塞罗对幽默辩论有独到的研究。他说，把对手否定的结论拿来加以肯定，回敬对方，这便是以守为攻的技巧，这种辩论技巧能够产生一定的幽默效果，也带有一些诡辩色彩。

静中寻隙，以静制动

【幽默故事】

小玉是一位小有名气的文艺批评家，也是一个很自负的人。在他的眼里，当代几乎没有一篇好作品，他总是爱把见到的文学作品言语犀利地批评得一塌糊涂，借以炫耀自己的学识和口才。有一天，他在一条仅能通过一个人的小道上遇到了一位作家。

"我从来不给那种只会拼凑一些极其无聊的文字来表达极端苍白、贫乏的思想的蠢货让路。"小玉骄横地站在路中间说。

"我正好相反。"作家微笑着说道，并闪在路一旁。

【明聪智慧】

虽然对运用幽默术的要求都必须冷静、灵活，但在以静制动幽默术中这一点更显得异常重要。所谓"静"即指此而言，从静中寻隙，以静制动，只有"静"才能将"动"制伏。在辩论中，双方都要冷静，同时大脑快速的转动，找到能制服对方的语言。

幽默善辩，弦外有音

【幽默故事】

克诺克先生来到一个陌生的城市，走进一家小旅馆，他想在那里过夜。

"一个单间带供应早餐，一天需要多少钱？"他问旅馆老板。

"各种不同的房间有不同的价格：二楼的房间是 15 马克一天；三楼的是 12 马克；四楼 10 马克；五楼的房间则只要 7 马克，先生。"旅馆老板详细给他介绍。

克诺克先生考虑了几分钟，然后拿起箱子要走。

"您是觉得我这儿价钱太高了吗，先生？"老板问道。

"不，那倒不是。"克诺克先生回答道，"我只是嫌您的旅馆太低而已。"

【明联智慧】

"弦外有音"往往是"醉翁之意不在酒"，借题发挥的幽默也是言在此而意在彼，看似在嘲笑自己，其实正在反击别人。这是一种颇具弦外之音的说话艺术。它既能够统一机辩与善辩，又把这种统一与幽默交互渗透贯通起来，用幽默的语言展开自己的机善之辩，这种口才艺术，就是"机辩善辩"的幽默。

机敏善辩，面面俱到

【幽默故事】

1986年，科·阿基诺夫人在发表菲律宾竞选总统演说时，一个人当面指责她是一个什么都不懂的家庭主妇。

科·阿基诺夫人回应道："没错，我的确是一个对政治和经济都不怎么了解，而且对政治也没有什么经验的家庭主妇。"

"那看来你只能围着锅台转，你还是尽早回家去烧菜做饭吧！"反对她的人继续叫嚷着。

这时，科·阿基诺夫人笑着说："虽然对于政治，我是个没有经验的外行人，但是作为一位资深的家庭主妇，我却是十分精通日常经济的。"

话音一落，全场立刻爆发出一阵热烈的掌声。

【明联智慧】

话中有幽默，生活才更有味道。王蒙说："幽默是一种酸、甜、苦、咸、辣混合的味道。它的味道似乎没有痛苦和狂欢强烈，但应该比痛苦和狂欢还耐嚼。"

许多情况下，不论是辩论还是平常的交谈，许多话往往是不能够用直接的方式去说的，这就须以婉转的方式去说。首先，机辩不等于或者不完全等同于善辩，所以，"机辩善辩的幽默"最少包含有两个层次的意思。机辩，字面的意思就是充满机智的辩解，或者辩解是充满机智的。善辩，就是对一个说话者来说，他有善于辩论的专长。机辩与善辩的关系是这样的：机辩的不一定是善辩，善辩的一定能够包含机辩。因为，有时一个人能够"机辩"往往证明他有敏捷的思维，但不一定能够像"善辩"者那样做得面面俱到。

幽默引导，设置陷阱

【幽默故事】

父亲下了班回到家。他的正读大学的儿子以幽默的口吻问："爸爸，你可知道人类学家说过，人本来不该是直立行走的？"父亲回答："这又怎么样？"他说："所以把汽车钥匙借给我吧！"

儿子先发制人，主动向父亲发问，一步步把父亲诱进自己设的语言陷阱，再提出自己"借车"的要求，使父亲没有理由拒绝，从而取得这次向父亲"借车"的辩论的成功。

【明眸智慧】

在人们的日常生活中，在许多日常的场合下，不难发现这样的善辩和幽默。比如，在酒席上，有的人就特别善于辞令，特别善于借助自己机辩的辞令，劝人喝酒。比如：一些会议上，面对某项一筹莫展的计划，有的人就能够巧妙地拉拢支持的掌声。这样的事情很多，随时随地都能碰上。正如事例中的儿子一样，在跟父亲提要求前，先设想好语言陷阱，为自己的辩论做好充分的准备，最终达到了自己的目的。

移花接木，巧取成功

【幽默故事】

小男孩："妈妈，我要养一只小狗。"

妈妈："狗多脏啊，宝宝听话，咱们不养狗。妈妈明天给你买只漂亮的玩具狗。"

小男孩："妈妈，我不要玩具狗，没有小狗，我要一个小弟弟陪我玩也行啊。"

结果，第二天，妈妈就给小男孩买来了一只小狗。

小男孩主动提出要求，给了妈妈两个选择，要一只小狗或者一个小弟弟。妈妈自然会同意买只狗给他了。

【明眸智慧】

所谓"移花接木"的幽默，就是指这样一种幽默：说话的两个人，其中的一个人，利用对方话语之中的句子或词汇，加以改造，把自己的意思塞进对方的句子或词汇框架中，达到钝化攻击、缓和气氛的一种幽默艺术。在通常的情况下，移花接木的幽默往往与偷换概念的幽默是一致的，所产生的幽默效果也是相近的。这种技巧也往往被用在辩论当中。正如事例中的小男孩，成功地让妈妈同意了自己的要求。

明修栈道，暗度陈仓

【幽默故事】

古时候，有一个县官很喜欢附庸风雅，尽管画术不佳，但兴致很大。他画的虎不像虎，反而像猫。并且，他还每画完一幅作品，都要在厅堂内展出，让众人评说。大家只能说好话，不能说不好听的话，否则，就要受到惩罚，轻则挨打，重则流放他乡。

有一天，县官又完成了一幅"虎"图，悬挂在厅堂，又召集全体衙役来欣赏。

"各位瞧瞧，本官画的虎如何？"

众人低头不语。县官见无人附和，就点了一个新来的差役说：

"你来说说看。"

那人战战兢兢地说："老爷，我有点怕。"

县官："怕，怕什么？别怕，有老爷我在，怕什么？"

差役："老爷，你也怕。"

县官："什么？老爷我也怕。那是什么，快说。"

差役："怕天子。老爷，你是天子之臣，当然怕天子呀！"

县官："对，老爷怕天子，可天子什么也不怕呀！"

差役："不，天子怕天！"

县官："天子是老天爷的儿子，怕天，有道理，好！天老爷又怕什么？"

差役："怕云。云会遮天。"

县官："云又怕什么？"

差役："怕风。"

县官："风又怕什么？"

差役："风又怕墙。"

县官："墙怕什么？"

差役："墙怕老鼠。老鼠会打洞。"

县官："那么，老鼠又怕什么呢？"

差役："老鼠最怕它！"来人指了指墙上的画。

新来的差役没有直接说县太爷画的虎像猫，而是明修栈道，暗度陈仓，通过环环相扣的"怕"字拐弯抹角地表达了自己的意见。

【明联智慧】

在这个事例中，差役与县官的辩论中，虽然没有明说，但他用"明修栈道，暗度陈仓"的方法巧妙地表达出自己的意思。这种幽默术的关键在于"明修栈道"，让对方不明白你的真实意图，这样你才能顺利地"暗度陈仓"，实现自己的目的。"明修栈道"的目的就是迷惑对方，做得越像，对方越容易上当，你就越能轻易地"暗度陈仓"。

这就是这一幽默术的高明之处：不到辩论的最后不知道真正的结果。而前面的"明修栈道"把人的情绪和状态彻底调动了起来，所有的注意力都在最后的答案上，这样，"栈道"就算是修得成功的。而当看到最后的答案时，人们急切紧绷的神经一下子放松下来，不禁哑然失笑。这前后一紧一松、一明一暗的强烈反差，在不谐调中自然而生幽默的效果。

坦诚失败，幽默辩论

【幽默故事】

苏联前总统戈尔巴乔夫最爱讲一个关于他本人的笑话，用来嘲笑他自己改革前对苏联经济所做出的努力。

他在一次大会上对记者说："有一个总统拥有一百个情妇，其中一个染有艾滋病，但很不幸，他分不出是哪一个；另一位总统有一百个保镖，其中一个是恐怖分子，但很不幸，他不知是哪一个。"

戈尔巴乔夫环视了一下周围的记者自我嘲笑说："而戈尔巴乔夫有一百名

经济专家,其中有一个是聪明的,但很不幸,他不晓得是哪一个。"

【明联智慧】

戈尔巴乔夫想用经济改革的成就来挽救他政治体制改革的失败,经过一系列的努力,仍无济于事。他在这里的自我嘲弄,实际上承认了自己对经济改革的无能。一个人如果有了缺点或缺陷,这本不是件好事。但如果能够勇于自我暴露问题,揭露自己的缺点,明示自己的缺陷,便能显示一个人的坦诚和责任感,往往被人视为可靠和勇敢的人,也会使自己显得豁达和自信,从而淡化缺点或缺陷。

临机嬗变,幽默当先

【幽默故事】

男子喊道:"服务员,过来一下!"

服务员:"您好,什么事?"

男子怒问:"我20块钱一碗的牛肉面,怎么才一块牛肉?"

服务员:"先生,那您希望有几块?"

男子想了想说:"怎么也得五六块牛肉吧。"

服务员冲厨房喊道:"出来个师傅,帮这位顾客把这块牛肉切一下"

【明联智慧】

无论做什么事情,都要学会临机嬗变,这样在遇到问题时才不会紧张失措。在你应付紧急情况时,不妨学会巧妙地运用幽默,并赋予自己的风格。久而久之,这些幽默细胞会进驻你的思想里,在谈吐中,切题的思想、妙语就会自然而然地从大脑中跃出来。这时你就能够更加自如地表现你的机智和魅力了。

灵活发挥,随机应变

【幽默故事】

一次智力竞赛抢答,主持人问:"三纲五常的'三纲',指的是什么?"一名女学生抢答道:"臣为君纲,子为父纲,妻为夫纲。"她的回答,正好把三者的关系颠倒了,引起哄堂大笑。女学生灵机一动,立即补充道:"笑什么?我说的是新'三纲'。"

主持人疑惑地问道:"怎样解释?"

女学生不慌不忙地说:"现在,我国人民当家做主,是主人。而领导者,不管官有多大,都是人民公仆,岂不是臣为君纲吗?当前,国家实行计划生育,一对夫妻只生一个孩子,这孩子成了父母的小皇帝,岂不是子为父纲吗?许多家庭中,妻子的权力远远超过丈夫,'妻管严'、'模范丈夫'到处流行,岂不是妻为夫纲吗?"

好一个新"三纲"!话音未落,同学们都为这位女同学随机应变的能力而鼓掌喝彩。

【明联智慧】

在日常言谈中,有时难免说错了话。上述这位女学生在抢答时,把"三纲"三个句子的主次关系弄颠倒了。但她思维敏捷,灵机一动干脆将错就错,根据新的历史时期人们社会关系的变化,临时对"三纲"做了一个全新的却又符合逻辑的解释。这充分显示了这位女学生机敏的论辩口才。

赋词新意,巧妙解嘲

【幽默故事】

1972 年,美国总统尼克松访华时登长城,因腿病只上了三个台阶就无力再登了。

这时偏偏有位记者走过来,想"将"他一"军",问道:"总统先生,你何不登上最高峰?"

尼克松笑了笑说:"昨天我与毛泽东的会见已经是最高峰了,何必再来一次高峰呢?"

【明联智慧】

那位记者的问话是够刁钻的,让人猝不及防。可尼克松首先抓住了其诘难的关键词——"最高峰",然后突破"长城最高峰"的本义局限,临时赋予其"最高领导人会晤是出访的高峰"的新义,一下子把举步维艰的局面摆脱了。

夸张幽默，彼此快乐

【幽默故事】

甲：常言说，笑一笑，少一少。

乙：不，应该是：笑一笑，十年少。

甲：一笑就年轻十岁？

乙：啊！

甲：你这是定期的！我那是活期的。

乙：我们俩存款呢。

甲：你这理论不可靠！

乙：怎么？

甲：那谁还敢听相声？

乙：怎么不敢听啊？

甲：你今年多大岁数？

乙：四十。

甲：笑一回剩三十，笑二回剩二十，笑三回剩十岁，说什么也不敢再笑了。

乙：怎么？

甲：再一笑没啦！来的时候骑车子，走的时候抱走啦！剧场改托儿所啦！

【明联智慧】

甲乙两个人所说的话就是运用了夸张的辩论术。但这里的夸张不是纯粹、荒谬的夸张。所谓纯粹、荒谬的夸张，指的是放开胆子吹牛。可以说相声如果没有夸张，便几乎不成其为相声。夸张也是幽默的重要基石。它能使平凡的生活琐事被放大一层，从而产生强烈的幽默感。荒谬的夸张几乎总能引起人们发笑，因为荒谬夸张本身包含了不协调，从而能够产生强烈的幽默效果。

反问辩论，轻易取胜

【幽默故事】

美国前国务卿基辛格在莫斯科访问过程中，向随行的美国记者介绍美苏关于在限制战略武器四个协定签署会谈情况时提到："苏联生产导弹的产量每年大约是250枚。"

记者问："我们的情况怎么样？美国究竟有多少潜艇导弹配置了分导式弹头？究竟有多少'民兵'导弹配置了分导式多弹头？"

基辛格格回答道："我不知道有多少'民兵'导弹配置了分导式多弹头，至于潜艇的数目我是知道的，但我不知道它是不是保密的？"

记者："不是保密的。"

基辛格反问道："不是保密的吗？那请你说是多少呢？"

【明眸智慧】

基辛格的反问，记者能答上来吗？如果能答上来，记者还要问什么，这种反问的幽默在双方辩论的时候更能折服对方，让对方无话可说。反问，就是针对对方的思想、观点中的破绽，提出一个针锋相对的问题，由于这类问题的提出常常出人意料，所以能产生强烈的幽默效果。

大事化小，小事化了

【幽默故事】

一天晚上，林肯在忙碌完一天的竞选之后刚要上床休息，电话铃响了。有个善于钻营的人告诉林肯说，一位税务总管刚刚去世，如果我投票支持你，你当选后能不能让我来顶替那个死去的人的职位。林肯思索了一下，这样回答："如果殡仪馆没有意见，我当然不反对。"对方无可奈何地挂上了电话。

【明眸智慧】

在美国总统的竞选过程中，候选人除了要履行总统职责，要承担大量繁重的工作，还需要给人民树立一个健康快乐、充满活力的美好形象。而这一形象的重要表现便是幽默，幽默的话语能帮助他们"大事化小，小事化了"，缓和紧张局势，避免麻烦和树敌过多的局面。

面对来者的无理要求，如果没有一点幽默感，就很难做出万无一失的答复。若直接拒绝对方，很容易树立政敌；若答应又显得自己没有原则，不能服众。林肯则用寥寥数语，将计就计回绝了对方。那位打电话的政治家所要代替的"位置"，自然是政治地位，对于这一点，林肯当然不可能不知道。他故意把打电话的政治家所要代替的"位置"利用语言的歧义说成是"死人躺下的地方"，弄得对方啼笑皆非。既不伤和气，也有力地捍卫了自己的立场。人们在沟通中使用幽默这一技巧时，也应该用最简洁、明了的语言表达出自己的意思，切忌拖泥带水。

不卑不亢，活泼幽默

【幽默故事】

一次，周恩来总理接见外国记者，一个美国记者不怀好意地问："总理阁下，你们中国人为什么把人走的路叫作马路？"周总理听后没有急于用刺人的话反驳，而是妙趣横生地说："我们走的是马克思主义之路，简称马路。"这个美国记者仍不死心，继续出难题："总理阁下，在我们美国，人们都是仰着头走路，而你们中国人为什么低头走路？"周总理笑着说："这不奇怪，问题很简单嘛，你们美国人走的是下坡路，当然要仰着头走路了，而我们中国人走的是上坡路，当然是低着头走了。"记者又问："中国现在有四亿人，需要修多少厕所？"这纯属无稽之谈，可是，在这样的外交场合，又不便回绝，周总理轻轻一笑回答道："两个！一个男厕所，一个女厕所。"

【幽默智慧】

不卑不亢的说话态度，优雅的肢体语言，风趣机智的幽默，体现了周总理的睿智和大度。幽默说话要重视场合，但更重要的是说话要善于利用场合，然后根据当时的整体形势应对，营造出和谐的辩论气氛。在社交场合同人辩论的时候，谈吐一定要注意周围环境，应把握分寸。幽默是处理人际关系的一种缓冲剂。得体的幽默不仅可以淡化矛盾、消除误会，还可以使人迅速摆脱困境，避免被动尴尬。

随机应变，巧取良效

【幽默故事】

　　法国哲学家伏尔泰是一个人见人爱的幽默高手。1727年英法战争期间，伏尔泰恰巧正在英国旅行。谁知道英国人竟不分青红皂白，把当代的大哲学家伏尔泰抓住了。"把他吊死！快点把他吊死！"英国人怒气冲冲地大叫。

　　伏尔泰被抓起来送往绞刑台上时，他的英国朋友纷纷赶来替他解围。他们紧张而又急切地喊道："你们不能将他处死，伏尔泰先生只是个学者，他从不参与政治！""不行，法国人就该死！把他吊死。"那些群众还是不停地怒骂着。

　　在双方争执不下的时候，伏尔泰举起了双手，悄声说："可不可以让我这个将死之人说几句心里话？"全场突然安静了下来。

　　伏尔泰对群众深深鞠了个躬，清了清嗓门，说道："各位英国朋友！你们要惩罚我，因为我是法国人。以各位的聪明才智，不难发现，我生为法国人，却不能生为高贵的英国人，难道对我的惩罚还不够吗？"说完，英国人全都哈哈大笑了起来。这番诙谐幽默竟让伏尔泰死里逃生，他被当场释放了。

【明眸智慧】

　　在大众面前辩论的时候，一定要注意自己的幽默语言。法国著名戏剧作家莫里哀说："随机应变的回答是一个机智的人的试金石。"所以说，不论准备在应对中用什么形式，都应该在心中想想你的话对对方会产生什么影响。就像许多情绪会让你想起一句机智语一样，一句机智敏捷的话语，也会激起他人的某种情绪。用幽默的语言来回答那些挑衅性的问话，有时会远比直接驳斥能取得更好的效果。

轻松说理，稳获成功

【幽默故事】

　　有一次，一个妇人来找林肯，她理直气壮地说："总统先生，你一定要给我儿子一个上校的职位。我们应该有这样的权利，因为我的祖父曾参加过雷新顿战役，我的叔父在布拉敦斯堡是唯一没有逃跑的人，而我的父亲又参加过纳奥林斯之战，我丈夫是在曼特莱战死的，所以……"林肯回答说："夫人，你们一家三代为国服务，对国家的贡献实在够多了，我深表敬意。现在你能不能给别人一个为国效命的机会？"那妇人无话可说，只好悄悄走了。

【明联智慧】

对于他人的要求，如果你不能满足，巧用幽默予以拒绝，在轻松中向对方说理，让对方"输"得无话可说。

迂回交谈，借力胜敌

【幽默故事】

餐馆里一个顾客叫住老板："老板，这盘牛肉简直没法吃！"

老板："这干我什么事？你应该到公牛那里去抱怨。"

顾客："是呀，所以我才叫住了你。"

【明联智慧】

顾客按照老板的荒谬逻辑，推论出老板应是"公牛"，搞得对方哭笑不得，自食其果。这种方法在辩论中用处极大，它抓住对方的话柄，顺着说下去，让其向着有利于自己的方向发展，从而产生强烈的幽默效果。这种辩论方法的特色是不做正面抗衡，而是在迂回的交谈中，顺着对方的话说下去，借力胜敌，从而达到自己的目的和产生幽默感。

假装糊涂，反唇相讥

【幽默故事】

保罗正在路上走着，忽然蹿出一强盗，用手枪对着他说："要钱还是要命？"

"你最好还是要命吧！"保罗说道，"因为我比你更需要钱！"

【明联智慧】

这里，保罗的上半句回答显得很糊涂，遇上歹徒，恐怕谁也会保命的，其后一句才点出真意。尽管假装糊涂法有很多的妙处，但有时也很难在复杂的场合取胜，这就要求在这些场合对自己的"糊涂"来一个聪明的注脚。装傻实际上是大智若愚。辩论中，装傻可以使人自找台阶，化解尴尬局面；可以故作不知，反唇相讥；可以假痴不癫迷惑对手。你必须有好演技，才能"傻"得可爱，"疯"得恰到好处。人们可以通过发挥大智若愚的幽默力量取得辩论的成功。

幽默善辩，弦外有音

【幽默故事】

小汤姆数学、语文两门考试考得比较差，回到家中对他爸爸说："爸爸，是不是当人家心里难受的时候，不应该再给他精神或肉体上的刺激？"

爸爸回答："那当然。"

小汤姆趁机说："那就好，这次考试，我有两门功课不及格，我现在心里很受。"

爸爸只好干瞪眼。

【明联智慧】

小汤姆用自己的聪明和幽默，避免了爸爸可能产生的愤怒情绪。在辩论之初，事例中的爸爸并没有听出儿子的话外之音，在他还未回味过来时，儿子已经巧妙地取得了辩论的胜利，达到了自己的目的。

设置悬念，请君入瓮

【幽默故事】

有一次，老李到菜市场买鱼。他走到一家鲜鱼摊前，看到摆的鱼虽然不少，但都不是很新鲜。老李提起一条来放在鼻子前闻了一下，果然有一股臭味。看来鱼放的时间已经不短了。谁知摊主看到他这么一闻，便非常不高兴地问道：

"哎，你这是干什么？我的鱼是刚刚打上来的。"

老李并没有和摊主争辩，也没有指责他的谎话，而是顺口说了句：

"我刚刚是和这条鱼说话呢！"

"嗯?"摊主觉得老李这话挺有意思，不禁来了兴致，想刁难老李一番，于是就说：

"那你和鱼说些什么话呢?"

老李说："其实也没有什么，我想到河里游泳，所以向那条鱼打听一下现在的水究竟凉不凉。"

"那鱼怎么说呢?"摊主已经笑得上气不接下气了，周围也已经聚集了一些围观的人。

"鱼对我说。很抱歉，我不能告诉你。因为我离开河已经十多天了。"

老李淡淡地说。围观的人哄然大笑，摊主脸上的笑容却早就不见了。

【明眸智慧】

吸引别人的注意力最好的办法就是设置悬念，吊足对方的好奇心，让对方急切地想知道下文，然后再说出你的答案来，起到一语点破的效果。幽默的老李表面上装作没有发现鱼是变质的，通过和鱼对话这件非常荒谬的事情来化解卖鱼摊主的戒备情绪，并一步步诱使卖鱼摊主进入自己的圈套，正是运用了请君入瓮的幽默技巧，卖鱼摊主在整个过程中都被老李牵着鼻子走，完全陷入被动。

请君入瓮的幽默技巧能够体现出一个人高超的智慧。这种幽默还有一个很明显的特点，那就是施用此术的人总是能在与对手的较量中先发制人。从一开始，就稳固地占据主动地位，吸引对方的注意力，让对方总是跟着他走，这样，最后的一击才会显得幽默有力和富有戏剧性。

藏露有度，暗中取胜

【幽默故事】

《三国志》中记载着这样的事：

曹操的儿子曹植才华横溢，文思敏捷，很受曹操的宠爱。因此曹操便想废除长子曹丕的世子地位，而改立曹植为世子。这一天，曹操叫来谋士贾诩，屏退左右，向贾诩说起自己打算废丕立植之意，并问贾诩："你说说你的看法。"

贾诩心中是不赞成改立世子的，可直截了当地否定曹操的心愿当然不行。贾诩听完曹操的述说后，一直默默不语，也没有回答曹操的询问。曹操见他半天不说话，便问道："和你说了半天，可你却不回答我的问题，这是为什么？"贾诩慢悠悠地回答说："臣下在想一件事，因而未能及时回答您的问题。"曹操又问："你在想什么事？"

贾诩沉思半晌，回答道："我在想袁绍、刘表父子的事呀！"

袁绍和刘表都是东汉末年称霸一方的豪强。袁绍因为非常喜欢小儿子袁尚，便让他代替了长子袁谭做了世子。袁绍死后，袁尚、袁谭各树一帜，互相争斗，最后都被曹操一一灭掉了。刘表也很喜欢小儿子刘琮，后来便废掉了长子刘琦，让刘琮做了继承人，最后也被曹操灭掉。贾诩特意点出这两个废长立幼而最终又被曹操攻灭的人来，意在表明废长立幼终不可取，非常巧妙地表达了自己的劝谏。

【明耻智慧】

曹操听了贾诩的话，当然马上明白了其中的深意，哈哈一笑，从此再也不提改立世子的事了。

曹操和贾诩是上下级的关系，对于曹操的失误，作为下属的贾诩不能充耳不闻，但这件事特殊性在于它又是上级的"家事"，如果直接表达自己的意思恐怕会"得罪"了曹植，也会引得曹操不快，因此，聪明过人的贾诩用隐含判断的方法委婉地表达了自己的意思，同时也说明了充分的理由，幽默曲折地提醒了曹操，避免了错误的发生。

这个辩论技巧是通过"隐藏"观点来表现幽默的，露中有藏，藏中有露，是一经推演判断就能发现真正意图的，如果藏得太密太深，幽默效果就荡然无存了。所以在使用这种技巧时一定要注意藏之有度，要让人们经过短暂的思索后立即能判断得出结论。